想 象 之 外 · 品 质 文 字

北京领读文化传媒有限责任公司　出品

知行合一 王阳明

王勉三 著

北京时代华文书局

图书在版编目（CIP）数据

知行合一王阳明 / 王勉三著 . -- 北京 ： 北京时代
华文书局， 2019.1

ISBN 978-7-5699-2887-7

Ⅰ . ①知… Ⅱ . ①王… Ⅲ . ①王守仁（1472-1528）
一传记 Ⅳ . ① B248.2

中国版本图书馆 CIP 数据核字（2018）第 291565 号

知行合一王阳明

ZHIXING HEYI WANG YANGMING

| 著　　者 | 王勉三 |

出 版 人 | 王训海
选题策划 | 领读文化
责任编辑 | 张彦翔
装帧设计 | 领读文化
责任印制 | 刘　银

出版发行 | 北京时代华文书局 http://www.bjsdsj.com.cn
　　　　　北京市东城区安定门外大街 136 号皇城国际大厦 A 座 8 楼
　　　　　邮编： 100011　电话： 010 - 64267955　64267677
印　　刷 | 北京金特印刷有限责任公司　电话： 010 - 68661003
　　　　　（如发现印装质量问题，请与印刷厂联系调换）
开　　本 | 880mm×1230mm　1/32　印　张 | 7.5　字　数 | 144 千字
版　　次 | 2019 年 3 月第 1 版　印　次 | 2019 年 3 月第 1 次印刷
书　　号 | ISBN 978-7-5699-2887-7
定　　价 | 45.00 元

感谢您选购领读文化图书

打开微信扫一扫

收听《知行合一王阳明》有声书

· 读书是件好玩的事 ·

例言

一、王阳明不仅是明代的大师，而且更是中国的大思想家、大哲学家。他的学说，不仅影响中国，而且还影响到了日本。至今日本人士，仍是极端地崇拜、信仰着。像这样伟大人物的生活，真值得为我们所应当知道的。此本书之所作也。

二、本书根据典籍，用有条理的文字，来介绍王阳明的生活，如家庭、幼年、游历、应试、政治、改过、讲学、贬谪、剿匪、平逆、晚年……之各种生活，均包举无遗（琐屑无关大要，与荒诞不足征信者，则从略）。至于阳明的时代背景，因与他的生活有密切的关系，故亦兼为述及。目的务将整个的王阳明，完全显示出来，在使读者，对于王阳明，有一个深切的了解和认识。

三、本书引文，选择至为谨严；而引用者，亦适如其当，无冗堆滥举、纷列杂陈之弊。

四、本书参考卷籍，虽不下十余种，但书籍无穷，个人所见，究属有限。内容贫陋，自知难免，尚祈读者谅之！

五、本书因限于篇幅、时间，其不能满读者之意，料必甚多；加以作者学殖荒落，俗务萦扰，自不免有纰谬浅陋、贻笑方家之处。读者倘肯惠然不吝指正，作者愿诚恳地接受。

六、此书所能告成，内子陈端玉实予以不少助力，且更任校雠劳苦。心感之余，聊志以谢！

我们中国有件极可珍贵的宝物，可惜遗失在日本去了，现在愿我们大家，赶快去拿回来，自己享用，不要长此让它留在异国，替异国去发扬文化，扩张国力；而我们失主，不闻不问，还是摆起"天朝大国"的架子，以为本国的宝物很多，遗失了一二个，算不了怎么一回事，那就太可惜，而且是太不对呀！

这件宝物，是怎样一件东西呢？它有怎样的价值，可令人珍贵呢？遗失了不拿回来，有怎样的利害呢？想要明了这几个问题，须得请看下面的答案。

这件宝物，不是别的东西，就是曾经支配中国思想界，有百余年之久的"王学"！

至于要明了"王学"的价值，与其极可珍贵之点，则请先看几位明眼能识宝物的大家，对此宝物的评估：

黄梨洲[①]说：

> 有明学术，……自姚江指点出"良知"，……便人人有个作圣之路，故无姚江，则古来学脉绝矣！前夫阳明者，皆阳明之导河；后夫阳明者，皆阳明之华胄。……要皆以"王学"为中心。

毛大可[②]说：

> 顺治末年，……赖世祖曰："守仁之学，有似孟子。"……皇上谕之曰："守仁之学，过高有之，未尝与圣学有异同也。"大哉王言！盖自是，而姚江绝学，经二圣断

---

① 即黄宗羲（1610~1695），浙江余姚人。字太冲，号南雷，别号梨洲老人。明末清初著名思想家。有《明夷待录》《明儒学案》等传世。

② 即毛奇龄（1623~1716），字大可，号秋晴。浙江萧山人。清初经学家、文学家。著有《西河合集》四百余卷。

定，千秋万世，又谁敢有非之者！

梁启超说：

> 至于"王学"的大概，……可以说："'王学'是中国儒教、印度佛教的结合体。"也可以说是："中国文化和印度文化结婚所生的儿子。"……实在说来，明末的一百年内，"王学"支配了全中国，势极伟大；我自己很得力于"王学"，所以极推尊他。

好了，即此评估，已可了然"王学"的价值之一斑，不必再去"繁征博引"了。

以上是评定"王学"的价值，极可珍贵，值得我们加以研究奉行的。至于王阳明的本身，是否也值得研究，我们再看几位大儒，对于阳明本身下的批评怎样：

刘蕺山[①]说：

> 周子其再生之仲尼，明道不让颜子，横渠紫阳亦曾思

---

① 即刘宗周（1578~1645），字起东，浙江山阴人。因讲学于山阴蕺山，故世称蕺山先生。明代最后一位儒学大师，也是宋明理学的殿军。

之亚，而阳明见力，直追孟子。自有天地以来，前有五子，后有五子，斯道可谓不孤。

毛大可说：

尧舜相禅，全在事功；孔孟无事功，为千秋大憾。今阳明事功，则直是三代以后，数千百年一人。即令无学，亦既在孝弟忠信、正谊明道、志士仁人之上；而学复如是，虽使亲入圣门，亦应不出由赐下。

黄道周①说：

文成出，而明绝学，排俗说，平乱贼，驱鸟兽……自伊尹以来，乘昌运，奏显绩，未有盛于文成者也。

梁启超说：

阳明才气极高，不但学问，便是事功也很伟大。

好了，有了这以上的批评，也可想见其余了。为使读者深一层

---

① 黄道周（1585~1646），字幼玄，号石斋，福建漳浦人。明末学者、文学家。与刘宗周并称"二周"。

地易于认识阳明起见，作者特再下一个简而且浅的介绍："阳明不仅仅是一个大哲学家，而且还是大文学家、大教育家、大军事家、大政治家。他的文学天才、教育主张、军事学识、政治才能，在在均能与他的哲学相媲美。别人纵博而不能专精，他却是愈博愈专愈精，他所以能超越前人之处即在此。"

我们看了上面的说话，已都知道王阳明是极有价值可以研究的一个人了；而他的学说，尤其是有研究的价值了。

既然是王阳明与他的学说，都有可研究的价值，那么，我们应当怎样去研究呢？研究之先，应从何处下手呢？

这也不用多谈，当然应该先从他的生活方面下手了。梁启超说："居恒服膺孟子知人论世之义，以谓欲治一家之学，必先审知其人身世之所经历，盖百家皆然；况于阳明先生者，以知行合一为教，其表见于事为者，正其学术精诣所醇化也。"这几句话，真是确切而有至理。"经历"即是生活，要是想研究"王学"与王阳明，则非先从阳明生活方面下手不可。

阳明的生活，是个容易叙述的吗？不，不容易。虽然有年谱、行状等参考，然而决不能学写誊清账簿一般依样葫芦，有一件写一件的呆板工作。如若是这样"誊清"式写的阳明生活，倒不如直截了当的，看年谱、行状，还比较的好些。

综计他一生的生活，学骑射，学任侠，学词章，学佛修道，讲学化夷，投身政海，削平盗逆……许许多多的事迹，也不是这样一本小册子，所能叙述得完；更不是学殖①荒落的我，所能胜此重任！

最后，我敢大声告诉读者说：

第一，这本《王阳明生活》，乃是作者初次的试作，目的在借以引起读者研究阳明生活的兴趣。

第二，这本《王阳明生活》，是备作读者研究"王学"一个小小的参考资料。

第三，这本《王阳明生活》，是个催起读者、收回遗失在日本的珍贵宝物之推动机。

---

① 学殖，原指学问的积累增进，后泛指学习、学问。

第一章 · 幼年生活与其家庭

世代的书香门第

要是提起阳明的家庭，可以用八个字来概括它。哪八个字呢? 就是"书香门第，诗礼人家"这八个字。自从他的六世祖性常，一直到阳明，代代都是饱学名士，而且都是气节高超、孝行纯笃的；阳明的一生学问事业，实在受了家庭不少的影响。

阳明最初的祖先，是晋朝光禄大夫名览，原本琅琊人。览的曾列羲之（就是我国称为"字圣"的），少随父旷渡江，家于建康，不久，徙会稽；后来子孙，又迁剡①之华，再迁石偃，复迁达溪。

———————————

① 剡，shàn，剡溪，水名，浙江曹娥江上游一段。

二十三世迪功郎 ① 名寿者，重迁至浙江余姚；由此以后，再也没有迁移到别处了。

到元末明初时，阳明的六世祖，名纲字性常的。以文学知名，兼有大将之才，尤善识鉴。元末，天下大乱，奉母避兵于五泄山中，少与明诚意伯刘伯温友善。元亡明兴，刘伯温特荐于朝。时性常年已七十，而齿发精神还如少壮。官为兵部郎中，不久，潮民不靖，遂擢广东参议；往督兵粮，携十六岁子彦达往，竟及于难。彦达亦随入贼中，见父被害，则从旁哭骂求死，贼欲杀之，其贼酋不允，并容他缀羊革裹父尸而归。御史郭纯奏其事闻于上，为庙祀增城 ②，并录用彦达。奈彦达痛父之死，愿躬耕养母，终身不仕，所以没有出来做官。

与准字公度，乃彦达子。少秉父教，隐居不出。时朝廷督有司访求遗逸甚严，使者至县，欲起翁，翁闻亟避，因而坠崖伤足，始免。但又恐有罪，不得已，以子世杰代之。与准长于易，曾著《易微》数千言。

世杰少有圣贤之志，尽通四书五经，及宋诸大儒之说。代父被征，

---

① 迪功郎，古代官名，又称宣教郎，始于宋朝。
② 增城，地名，今广州近郊。

备邑庠^①弟子员，旋即无意仕进。母临终时，嘱以家贫宜仕，乃应贡。祭酒陈敬宗荐于朝，未报而殁，著有《槐里杂稿》数卷。

天叙名伦，世杰子，人称竹轩先生，这就是阳明的祖父了。他的父亲死后，遗留下的仅仅书史数箧^②。竹轩于书无所不读，故异常渊博。魏瀚说他："善鼓琴，每风月清朗，则焚香操弄数曲；弄罢，复歌古诗词，而使子弟和之。识者谓其胸次洒落，方之陶靖节^③、林和靖^④无不及焉。"我们由此也可想见其为人。阳明之所以能成名，受祖父影响颇深，尤其是文学的方面。

阳明的父亲，名华，字德辉，别号实庵，复号海日翁。因曾读书龙泉山中，所以人又称他为龙山先生。从小，其祖授以古诗歌，经耳后便能背诵。六岁时，便道德非常之好，能拾金不昧。幼年气概迈众，见者无不惊叹。应试，大魁天下。不畏权势，敢于谏君之失。阳明忤刘瑾，瑾移怒德辉。瑾微时极慕德辉品望，闻阳明的父亲，即是德辉，怒稍解。阴使人召德辉，谓一见可立令跻相位。德辉峻

---

① 庠，xiáng，邑庠，明清时称县学"邑庠"。
② 箧，qiè，小箱子。
③ 陶靖节，即陶渊明。
④ 林和靖，即北宋隐逸诗人林逋。

拒^①不可，因此瑾欲陷之为快。母亲岑夫人殁后，寝苫^②蔬食，哀毁逾节，那时他也已有七十多岁了。阳明的道德，多为他父亲遗传，"有其父必有其子"，这话真不差呀。

德辉的元配夫人姓郑，就是阳明的母亲。阳明出世不久，他母亲便与可爱的亲儿长别了。继室姓赵，生了一女，嫁给徐爱（字横山，乃阳明门人）。又生二子，名守文、守章。侧室姓杨，生守俭。都是阳明的兄弟，但都远不及阳明。

阳明的夫人姓诸，因不育，抚从子正宪为子。诸卒，继娶张夫人，生一子，名正亿。生后不久，阳明便死了。

阳明的天资，本来就聪敏异常，又加之生到这样的好家庭里，受的又是家庭中良好教育，再复感受祖父、父亲的道德、文学影响，故能成就如许大功业，造成一个伟大的哲学家。

---

① 峻拒，严厉拒绝。
② 苫，shàn，用草编成的盖东西或垫东西的器物。

奇异的诞生

说起阳明的诞生，好像是一篇神话体的小说。你若说是"荒诞不经，不足为信"罢，他的朋友及门人都写述得实有其事，不像是杜撰的；你若说是相信他的朋友和门人的写述罢，却又荒谬异常，毫无可信的价值。科学家说"事所必无"，宗教家或者要说"理所或有"。总之，作者所叙述的，乃是根据阳明的朋友与门人等所传说；至于太荒诞不经的，则不能不删削去了。

大凡普通的小孩子，在母亲腹内到了十个月，就要如同瓜熟蒂落了；阳明却是不然，他比别人要多四个月。他母亲妊娠了十四个月，阳明才诞生，这事奇不奇怪呢？

这事还不能说是绝对的奇怪，奇怪的事，还在后面呢。

在阳明刚要诞生的时候，他的祖母正在熟睡，忽然天上五色云里，立着一个绯袍玉带的神人；鼓吹导前，神人手里抱一个很可爱的婴儿，由云中降下，把婴儿授给阳明的祖母，说："这个佳儿，是特地送给你家的。"祖母大喜。哪知陡然惊醒了，方知是个梦。正在暗思这个梦做得古怪，忽闻家中有小儿啼哭的声音，于是便有人来报喜，说是添了孙儿了。阳明的祖母，便知这个小儿的来历不小。又将这个异梦告诉给阳明的祖父听，他的祖父也为之惊奇不止。因此给阳明起个乳名，叫做云，意思说阳明是云中的神人送来的。渐渐人人都知道这件奇事了，于是大众便指阳明诞生的所在，名为瑞云楼，也无非是说这是一种祥瑞的意思罢了。

这事已就算得是件奇事了，但是还不止此，奇事还有啊。

阳明一出世，便得一种怪病，这个病，就是不会讲话，天生的一种哑病。普通的小孩子，到了两三岁，就要学讲话了。阳明到了五岁，还是如同哑巴一样；除了能啼哭以外，简直一句话都不能讲。这一来，倒把家里的人忧虑万状。任凭如何高明的医生，请来诊治，都是束手无策。虽然吃了许多药，也毫无一点效验可言。大家都以为阳明成了一个天然废疾的人，恐怕不易治痊；哪知偏偏来了一个奇怪的和尚，不用药，只要三言两语，就把这个废疾治好了。你看，这是多么怪异啊！

有一次，阳明在门前同着一些小孩子，正在嬉戏；忽然来了一个和尚，求见阳明的祖父竹轩，并说能治阳明的哑病。竹轩当然非常快乐，又命阳明来拜见和尚。和尚一见阳明，便叹惜着说："好个小儿，可惜把给你们说破了！"又向阳明的祖父说道："天机是不可泄漏的，你们如何就随便拿来泄漏呢？你们既然泄漏，他自然不会讲话了。"阳明的祖父，也大为悔悟。和尚说毕，就飘然而去。阳明的祖父，便把阳明的"云"的名字改了，不许他人再唤作云。重又给阳明取个名字，叫守仁，字伯安。果然古怪，名字一改，阳明也忽然能张口讲话了，这究竟是不是一件很有趣味的奇事呢？

第二章 ·
不凡的童子

一个天才的小诗人

诗人两个字，是多么清雅而又神圣的。一个小孩子，居然也号起诗人来了。他不但是个小诗人，并且还是一个有天才的小诗人，这真值得人们的赞羡不置啊。

阳明确是一个富有天才的孩子，记得有一次——那时不过六七岁——他忽然背诵起他祖父曾读过的书来，而又诵得很纯熟。祖父非常的惊异了，就问："你这个小孩子，年纪这么小，又没有读过书，如何能知道背诵，而且背诵得这样的纯熟呢？"他笑着回答说："我先前，口里虽然不能讲话，但听却是会听的。因曾听得祖父读书，我在旁边也默记得很熟了。"

他的祖父知道，这是天生的夙慧，心里也自然非常愉快。

祖父从此，就教阳明读书。他的祖父，是个极有学问的大儒，阳明又是个聪颖绝伦的小孩子，这读书进步之速，不问可知，是有一日千里之势了。

阳明十岁的时候，他父亲已应试中了状元，于是派人回家迎请阳明的祖父至京侍养，阳明便随着祖父，与可爱的故乡暂告离别，一路到京师来。

到京后，有一天，他的祖父，带着阳明，约了许多朋友，到金山寺里去饮酒游山。来的也尽是知名之士，他们饮着高兴了，大众都提议吟诗。这位富有天才的小诗人，表现他天才的机会也来到了。

许多诗人，正在捻须的捻须，搔首的搔首，时候已过了许久，诗都没有做出来；这位"初生犊儿，不知畏虎"的小诗人阳明，却早已将诗做好，再也忍不住不说了："你们的诗，还没有吟出，我的诗却已做好了。"

这真是笑话，以一个十一岁的小儿，连乳气都没有褪尽，居然在一般大诗人面前，自己承认会做诗，这不是笑话么？无论是谁，恐都不敢相信罢。

阳明的天才，知道的只有他的祖父，于是就命阳明，将做好的诗吟出来。阳明念道：

> 金山一点大如拳，打破维扬水底天。
>
> 醉倚妙高台上月，玉箫吹彻洞龙眠。

等阳明念完这首诗，把大众都惊异住了。但他们还不敢十分相信，疑是他祖父的代笔，故意使他孙子来博一个天才之名的。

这真是的，以一个垂髫的童子，就会吟诗，并又做得这样好，谁个能相信这事呢？

于是想出一个面试无弊的法子，就是另出一个吟《蔽月山房》的题目，要阳明当面做出来，借以觇①其真伪，就可知道，内中是不是他祖父作的弊。

题目一出，这个童子，便毫不思索地又吟了出来：

> 山近月远觉月小，便道此山大如月。
>
> 若人有眼大如天，还见山高月更阔。

---

① 觇，chān，窥视，观测。

这一下，真把大众惊住了。果然诗人是没有年龄限制的，于是，大众再也没有什么异言，只有惊异！赞叹！羡慕！悦服！

他祖父从此又更加喜欢他了。

何为第一等事

在幼年时候，阳明便豪迈不羁，颇有侠士之风。一个礼教信徒的父亲，于是忧虑起来。他恐怕他的儿子：天生一副好灵性，一旦若误入歧途，则会拿来误用了，似又太可惜。因此便想聘请一位学识湛深的先生，来约束训导，使阳明能日往上进。——父亲是常常这样地怀忧着。

但祖父却知道孙子，是决不会走入歧途的；他确比阳明的父亲，还能了解阳明。这原因，就是阳明从祖父在家读书，他就知道的。阳明幼年的品格、气质、心性，都为祖父所深知，故此，祖父觉得阳明父亲的怀忧，是完全不曾了解他的儿子的缘故。

怀忧的父亲，终竟请了一位先生来，教阳明读书。

有一次，阳明和一个同窗学友，走在长安街上，偶然遇着一个看相的相士。相士一见阳明，便要看阳明的相；看完之后，便说道："我与你相之后，须要记着我所说的话：你的须到拂领的时候，便是初入圣境了；等到须上丹田时，便是在结圣胎了；再后，若是须到了下丹田，那时圣果已圆，你就做了圣人了。"说完之后，相士便走了。

以一个十一岁的小孩子，就会给相士相出将来会做圣人，并且果如相士之言，丝毫不爽。这是相士的相法灵验呢？还是后来好异的人所附会的呢？……

自从听了相士的言语之后，阳明果真受了感触，常常对书静坐凝思，想学做圣人起来了。一个小小的童子，就有志要学做圣人，这是何等的志向！何等的胸襟！即此一端，也就够作一般少年的模范呀！

因为要立志学做圣人，阳明就觉得世上再没有比这还重要的事，于是就去问他的塾师道："什么是人生第一等的事？"那位脑筋充满了利禄思想的塾师，回答道："读了书，登了第，做了官，这就是人生的第一等事。"真的，在腐儒的心目中，这"读书、登第、做官"六个字，确是人生第一等事。读书的目的，是在应试登第；应试登第的目的，是在做官；做了官之后，人生至高无上的目的，乃算达到，便死而无憾了。哪知阳明却志不在此，他说："读书希望登第做官，恐怕不是第一等事罢！读书希望学圣贤，才是第一等事呢！"

这样大胆无畏不疑地说出这一句"读书学圣贤才是第一等事"的话，足使他腐朽的老师，为之咋舌惊异。使他不能不佩服他学生的立志之高超，他更不能不惭愧自己的立志之卑鄙。

过后，这话给阳明的祖父也知道了，便笑问着阳明说："你读书是要学做圣贤吗？"祖父是这样笑问着，由此，也可知他心里喜慰是如何了。

在此时，阳明做圣人的种子，已经播下了，我们再向后看：它如何萌芽！如何灿烂！如何结果啊！

第三章·少年时代之阳明

慷慨的游踪

到京师居了两年，出了一件最不幸的事，并且是抱恨终天的一件不幸事啊！

当他在京忽然听得一个最不好的消息。原来他慈爱的母亲，竟抛弃了她十三岁的儿子阳明，而瞑目长逝了。

这是多么悲惨的一个消息，当他初听知这个噩耗的时候，几于心胆俱裂，肝腑俱摧。他此时伤痛，几已达到了极点。

从此，他才觉得"死"是人生第一悲痛的事，而且是没有法子可以避免这个死字的。因为演了这一幕悲剧之后，他渐渐感觉得人生的可厌；于是，就起了修道学佛的念头。因为"道"与"佛"，是能不死不灭的。他的人生观，和他的思想，已趋向消极态度一途了。

因母亲的死，几乎使我们这位大哲学家，跑到佛、道两条路上去，永远不到儒家的这条路上来。还好，他的消极态度、悲观思想，不过一时的为情感、意志、环境所冲动；故不久，仍旧恢复原来的思想、态度。

阳明在京又住了许久；于是抛却一切悲观消极的思想、态度，想作慷慨的游历了。

游历出发的目的，是在居庸关外。因为此时，国内正盗贼蜂起，国外又边患迭生。他很想借此到关外去，研究一个御边之策。原因是：国内的盗贼，比较上易于剿平，不致为什么大患；最堪忧虑的，是边寇猖狂，以致大好神州，有沦于夷狄之隐患；所以便要想法子去抵御它。这是阳明眼光远大、见识精到的地方；也是他将来政治上极有名的主张。

到了居庸关，便至许多夷人所在的种落，窥察边地形势，又历询诸夷人的情况，于是边情利害之处，了然已有成算，早以得着御边之策。后上疏所陈《边务八事》，就是此次游历考察的心得。也算没有辜负这次游历的本衷和目的了。

他又知道，国家正值多事之秋。仅仅晓得握管作文，是不能为国纾忧、经略四方的。便在关外，跟随着胡人学习骑射，练得很为纯熟，胡人也不敢稍为侮犯他。他要练习骑射的宗旨，是要为国效劳，抗御外侮；从此，我们可知他真是意气卓越、一个爱国好男儿呀！

因爱国思想，久萦脑际；于是，思起古时一个爱国家、御外侮的马伏波①将军来了。他很企慕马伏波，能立功异域，为国争光，是青年一个最好的模范！他因企慕马伏波太切，故有一次，曾梦谒马伏波庙，他还作了一首诗。诗道：

> 卷甲归来马伏波，早年兵法鬓毛皤。
>
> 云埋铜柱雷轰折，六字题文尚不磨。

阳明这首诗的隐意，便是想继伏波之风，立功异域。可惜他虽有伏波之志，但因环境与伏波所处者不同，只好仍让伏波专美。一个负有绝大军事学识之爱国者，仅仅只在国内作剿贼平逆之用；不能如伏波一样，立功异域，这是多么可为阳明惋惜的事啊！

---

① 马伏波，即西汉末年著名军事家马援。东汉时，因战功赫赫，官至伏波将军，被人尊称马伏波。

他因天下沸乱，很想将自己研究的心得，上策朝廷，借供采择；但是被祖父阻止了，并斥他太狂妄。虽然此时被祖父所阻，可是后来他还是陈了《边务八事》的疏，究竟将他的心得，贡献于朝廷了。

新 婚

阳明的婚事，是从小由他父亲作主，替他订的。这次在江西，要举行婚礼。因新婚，而在新婚那天，就闹出一件极有趣味的笑话。这个笑话，至今还留在后人的口中，永远永远地不会忘记。

他的外舅[①]，姓诸名养和，是江西布政司参议。闻知阳明已由京回归余姚，又知他已有十七岁，而自己的女儿，也已成人，正是"男大当婚，女大当嫁"的时候。于是命人到余姚去请阳明，亲到江西来迎娶。若是依阳明的意思，似乎还可以再过几年也不为迟；无奈

---

① 外舅，妻子的父亲，即岳父。

祖父母抱孙的心太切，只好依从。原来他心里，总蕴藏一种修道的观念，没有抛弃，故此对于婚事，却倒是非常冷淡。

到了江西，就到外舅的官署里委禽^①。新婚合卺^②的那天，自然花烛辉煌，非常热闹。在这热闹的时候，那位新郎王阳明，却不见了。于是四处寻觅，结果渺无踪迹。把诸家惊骇疑虑得不知怎样才好，尤其是一般贺喜的宾客，更弄得莫名其妙，都纷纷诧异猜疑不止。聪明的读者，请暂时掩卷，莫看下文，来猜一猜，这位新郎为什么事不见了？究竟到什么地方去了？这真是一个极有趣味的哑谜呀。

原来这一天，因太热闹了，这位好静的新郎，实在很厌恶这样，所以乘人不备的时候，便私自出了官署，往外面闲游。不知不觉的，却走到了铁柱宫，进去看见一个精神健旺的道士，在榻上趺坐，阳明是个极想修道的，今见道士，正好借此间修道养生的道理，于是便同道士谈论养生问题起来。道士音如洪钟，滔滔不绝地往下谈，阳明也津津有味地往下听；最后相坐对谈，更觉投机。阳明此时，已听得入迷，把身外一切的事都忘了。什么洞房花烛，什么百年大事，他一古脑儿都不知忘在什么地方了。他已忘记自己还是一个将要饮

---

① 委禽，即纳采。古代结婚礼仪中，除纳徵外，其他五礼，男方都要向妇方送上雁作为赘礼，所以纳采又叫委禽。

② 卺，jǐn，合卺，即新夫妇在结婚当天的新房内共饮交杯酒。

合卺酒的新郎；更忘记还有一位新娘子，在那里冷冷清清、孤孤凄凄地等候哩。

就是这样同着道士相坐谈了一夜，直到第二天，才被诸家的人找着。这时，他方才记起来了。记起昨天，原来是他的新婚佳期，被自己糊里糊涂的同道士谈忘记了。只好重又回来，补行婚礼。这样健忘的故事，真是古今少有。阳明个性之奇特，于此也就可以想见了。

结了婚之后，在外舅的官署里，闲着没有事情可做，看见官署里藏蓄的纸很多，便天天临池学书。许多箧里的纸，都被他临写已完，由是书法大有进步。他曾自己说过，他临帖学书的心得："吾始学书，对模古帖，止得字形；后举笔不轻落纸，凝思静虑，拟形于心，久之始通其法……"

在以前宋朝时候，有个东莱吕祖谦先生，也是在新婚蜜月里，著了一部文学杰构，叫作《东莱博议》；而这位阳明先生，在新婚后临帖学字，书法大进。这都是我国文坛上，两个最有名的佳话。

学生生活

　　无论什么人，要想成一个伟大人物，必须先要从名师受业。翻开中国伟人的历史来看，哪一个不是受了名师的陶烙、指授，才能成就他的大功业、大学识，我们的阳明，自然也不能逃出例外。他有两个先生，一个是教授文的，一个是教授武的，现在来分别说之。

　　（一）娄一斋——教文的　娄一斋，名谅，上饶人，是个大学问家。对于理学——就是哲学，有深切的研究，那时正在广信讲学。阳明在江西结了婚之后，便带着他新婚的妻子，同归余姚。舟至广信地方过，闻知娄一斋在此讲学，他素来听说一斋学问非常之好，他就很为钦慕，苦于没有机会去见晤一次。这回恰好路过此地，便舍舟上岸，前去访谒。一斋见了阳明，异常喜爱，于是对阳明谈了许多宋儒"格物"之学。并又说："圣人是可以学得到、做得到的。"这一次的谈话，使阳明得了不少的益处。娄一斋是个大理学家，所说的话，都是极有价值的。阳明想研究哲学的动机，便在这时开始了。后来能够发明"知行合一"的学说，在中国哲学史上，创辟一新境域，也得力于这次一斋谈话影响的不少。所以一斋就是阳明的第一个先生。

（二）许璋——教武的　许璋，字半圭，上虞人，是个大军事学家。凡天文、地理，及孙、吴韬略，奇门九遁之术，无不精晓。阳明的军事学识，多半受之于半圭。我们只看这样会用兵的阳明，就可以推测他的先生半圭的学问了。半圭是个淡于名禄，而又爱讲修道的。阳明在阳明洞养病时，也常同他的先生半圭，共参道妙。及阳明大功告成之后，送半圭一些金帛，半圭丝毫不肯受；阳明又想荐之于朝，半圭反说道："爵赏非我所愿要的，你又何必以这些东西来相强呢！"后来活到七十多岁才死。阳明以文哭之，题其墓曰："处士许璋之墓。"

这两个先生，真可说是阳明的两位益师。学说上的成就，得力于教哲学的先生娄一斋；功业上的成就，得力于教军事学的先生许璋。要是没有这两位先生，阳明无论怎样，不能成就这样的伟大，然这正是阳明之幸啊！

在这年，龙山公因丁外艰[①]，回归余姚，于是命阳明和从弟冕阶、宫同着妹婿牧相等，在一处研究八股文，讲经析义，预备应试科举之用。人多一点，也无非是取其易收切磋之效。阳明白天里，对于课业，倒不十分用功去练习；可是每天晚上，候其余的人都入睡乡之后，他反而搜求经、史、子、集，殚精穷思地研究起来。

他为什么要这样呢？原来他另抱了一个宗旨。他觉得学习八股文，无非徒供猎取功名仕禄之用，此外就毫无用处；至如经、史、子、集，是人终身受用不尽的。而且是每个人，都得应当研究的。所以，略于八股，而独特别致力于经、史、子、集了。

过后，他的三位长辈同学，冕阶、宫、牧相，都觉得阳明所作的文字，大有突飞猛进，一日千里之势，愈做愈佳，竟无半点瑕疵可寻，均皆自愧不如。及知阳明在每天晚上，另又用功于经、史、子、集，于是都赞叹着说："他原来在学八股文之外，又另去用功于经、史，那我们怎能及得他呢？"

可怜的他们，只知以仕禄为目的去研究八股文，哪知世上还另

---

① 丁外艰，古代丧制名。凡子遭父丧或承重孙遭祖父丧，称丁外艰。此指竹轩翁过世。

有大学问、大道理，亟需研究的。他们要不是因附着阳明的一点关系，恐怕他们的名字，我们都莫能知道，他们只有寂寂无闻，同草木一般腐朽了。由此可见，人去研究学问，也须要放开远大眼光，立定高尚宗旨，不误入歧途才对呀！

阳明因多读书，气质也一天一天地变化了。他先前有一最不好的习惯——少年最容易犯的坏习惯，就是善谑；换句话来讲罢，就是他先前很喜作轻薄语。这当然是件不好的毛病，他自从研究圣贤书籍之后，已觉得这是很不好的习惯，非得速改不可。他悔了，他悔以前这许多的过失了。

他立志改过之后，由是不蹈先前的覆辙了。气质陡然一变，大众都很惊异起来。他们惊异阳明，忽然去了淳于髡^①、曼倩^②的谑态，却蓦地戴上一副晦庵^③、伊川^④的理学面孔了。于是都来诘问他，为什么这样？他回答说："我先前爱放逸善谑，现在我已悔悟，那都是过失，我决定立志改去不再犯了。"大众虽是听着他这样说，可是还不

---

① 髡，kūn。
② 曼倩，即东方朔。
③ 晦庵，即朱熹。
④ 伊川，即程颐。

敢十分相信他能毅然勇于改过。等待过了许多时，方才证明他的改过，并不是欺人之谈。大众不由得不对阳明肃然敛容，发生敬重之心，再也不敢同他来戏谑了。

第四章 · 应试生活

"三人好做事"

弘治五年，浙江举行乡试，那时的明朝，对于科举考试，是特别注重的。读书要想出人头地，都非去应试一下不可。像这种科举制度，专门考试八股文，本来不是一件好事，无非牢笼人才，桎梏思想罢了。古人也曾骂它是："作经义贼中之贼，为文字妖中之妖。"但你不要出头便罢，如想出头，那么，这道关口——科举，不从此经过就不行。

阳明的父亲，便是此中出来的第一个成功的人——状元，当然也想他的儿子，同他一样成功。所以在家命阳明学习八股，就是为的应试。在此，我们不能责备阳明同他的父亲，说他们是脑筋腐败。

要知那时读书，除了习八股去应试，再没有第二条出路呀！

这次浙江举行乡试，当然是读书人出头的机会到了。阳明也来此应试，哪知在考场中，夜半的时候，忽然发现两个很长大的人，都穿着绯绿的衣服，东西分立着，大声说道："三人好做事！"说毕，就不见了，许多来应试在场的士人，都异常惊异，更不知这句"三人好做事"的话，是含着什么意思。本来爱迷信，差不多成了中国人的第二天性，尤其是在考场里。就是没有什么事情，也要疑神疑鬼，闹得不休；何况真又出现这两个长人，并且大声讲了话呢？

"三人好做事"这句话，究竟含着什么意思呢？又说的是哪三个人呢？这个问题，盘旋于在考场应试的士人的脑际，结果总不能找出一个相当的答案。

还是等阳明擒了宁王①以后，这个问题，便给人们答了出来。

长人口中所指的"三人"，就是胡世宁、孙燧与阳明。在这次应试考场里，他们三人，恰都在内。后来宁王图谋不轨时，首先摘发其奸的，便是胡世宁；其次，尽忠殉难的，便是孙燧；又次，平逆擒藩的，便是阳明。至那时，人们方才明白，明白了长人说的话的

———————————

① 宁王，即指朱元璋五世孙宁王朱宸濠。

意思。所指的三人，即是胡、孙、王；所指的事，即是宁王的叛逆。

这确是一件特别凑巧的事，宁王之乱，几危及明室鼎祚[①]，幸亏一个胡世宁，首先摘发其奸，使人知濠之恶，不去归附；又亏一个孙燧，慷慨尽忠，使人感愤勃发，纷纷抗贼；又亏一个王阳明，设计调兵，平乱擒逆；由是明室社稷宗庙，均告无恙。而这三人，既是同乡（均浙江人），又是同榜（这次浙江乡试均被取中），复是同一事（宁王叛乱），这不是一件最凑巧的事么？

至若考场中，两个长人所讲的话，虽然幸而言中，但终恐是后人因他们三人同乡、同榜、同事，故加附会，亦未可知。实在是太说得神乎其神，教我们不敢相信呀！

---

① 鼎祚，国祚，国运。

两次京师会试的失败

浙江乡试已毕，在家就取朱熹所著的遗书，沉思研读，欲求宋儒格物之学。有一天想到先儒谓众物必有表里精粗，一草一木，皆涵至理。于是就取竹来格，格来格去，结果还是格不出其理，由苦思而致得疾了。这种研究学问的精神，就是后来造成他哲学发明的因子哩。

因格物不得其理，渐觉这圣贤二字，自己是没有分了。连圣贤的道理，都不能明，如何可以做圣贤呢？此路不通，于是又去研究词章之学，打算做一文学家了。

到了次年春季，就是会试京师的时期，阳明与试，不料落第而归。以一锐进的少年，忽然遭了这一个打击，心里的不快，是不言可喻。但我们莫误会了他，不是为落第、得不着仕禄而不快，他实在是抱着一腔爱国的热忱，未曾发泄，不能不借这科第，作为进身阶梯，方可立功报国，显亲扬名；若是以为他是急于求进为利为禄，那就未免误解了他哩。

在那时，有个宰相李西涯，素来是很器重阳明的。见他这次落第，心里非常惋惜。并且还对阳明慰藉着说："你这次科第，虽然失败；但来科的状元，是一定会归你的。"又戏请阳明作一篇《来科状元赋》，他也就提起笔来，略不思索，一挥而成。当时在座的诸老，无不赞称之为"天才"，西涯也自佩服赞赏不已。

后来这事，渐渐传将出去，便有许多人嫉妒起来，说："要是让阳明真个作了状元，他的眼中，还有我们这些人吗？"于是一个天才卓越、意气飞扬的少年，几成了众矢之的。

过了三年，又要京师会试。预备做来科状元的阳明，因遭忌抑者的暗算，结果大失所望，还是"名落孙山"。与阳明同舍应试下第的人，都以这落第为耻，非常懊丧；哪知阳明，却完全不以为意，反来慰藉着别人说："这应试落第，算得什么一回事呢？诸君还以此为耻么？我却是以不得第而动心，方才为耻哩！"大家不由得不佩服他的胸襟阔大。真的，对于科第荣辱，实在不在阳明的心上，得了也没有什么可骄，失了也没有什么可耻。看他后来，对他的门人徐爱说"君子穷达，一听于天，但既业举子，便须入场，亦人事宜尔。若期在必得，以自罄辱，则大惑矣。……"的一篇话，就可知道他这时，不是矫情骗人了。

两次的失败，在普通人，是无有不懊丧万状的；然而阳明却不如此。他回到余姚时，与一般朋友，反在龙泉山寺，结起诗社来。每日拈题分韵，大作其诗。阳明的文学天才，本就超群绝伦，无出其右；而他的诗，更是旁人莫能及。那时，有个致仕方伯①魏瀚，也是个作诗的能手，原是阳明的父执。有次与阳明共登龙山，对弈聊诗。不料所有佳句，总是被阳明先得了去，魏瀚实在佩服到了极点，连说："你的才太高，我惟有甘拜下风，退避数舍。"可惜他在少年时代的作品，集里大多数未曾收入。有人说，这是因他年少的作品，未臻炉火纯青之候，故不收入集中。但我们可以断定的，魏瀚既是个雄才自放的老诗人，也这样的佩服，被他压倒，作品当然总还不坏。惜乎我们不能一读，真是一个遗憾啊！

——————————

① 方伯，原指一方诸侯之长，后指主政的地方官。

少年时代的矛盾个性

在余姚住了些时，仍又到京师来。这时边警甚急，举朝仓皇，朝廷想推择一个有大将之才的去捍卫国家，抵御外侮。可是一般醉生梦死的朝臣，谁都不敢负起卫国御侮的责任；即使有一二忠义奋发之士，但又非大将之才，不能荷此重任。阳明感到国家需材如此之急，而真材又如此之缺乏。专靠文事，是不足卫国御侮的。于是就立志从事兵家之学，并慨然说："武举之设，仅得骑射击刺之士，而无韬略统驭之才；平时不讲将略，而欲临时备用，不亦难乎！"本来，阳明对于骑射，早就娴习，对于军事学识，也受过了许璋的传授；但因为专心文事，所以对于军事一道，倒忽略未讲求了。这次受了边患复炽的感触，又才觉得军事之学，是不可抛弃，而且很为重要。于是便把兵家的秘书，一一精研熟究起来。

要是说起阳明少年时代的个性，却是一个极矛盾，而又极可笑的。一会儿抱着极端入世主义；一会儿又抱着极端出世主义。一会儿要学文；一会儿又要学武了。一会儿报国心极重；一会儿又一切都不愿管，只抱个人享乐主义，入山修道了。这大概是他太富于冲动性的原故，只要环境一有转换，他便会受这转换的冲动，把原来的宗旨、心情，都给改变了，连他自己都拿不定。你看他刚才把一切抛开，专致力于研究兵法，预作他日为国效忠，这是何等爱国精神的表现！可是，不久他就变了宗旨，又去弃武习文了。依然又去研究哲学了。

自从探求格物之理不得，乃去致力词章艺能之学，后来又觉这是不足以通至道的学问，也没有什么大用处，便就遗弃，仍复回头研究哲学。又因自己所学不足，想遍访天下名师益友，互相切磋启导。但又不遇，他已徘徊歧路，惶惑莫知所从了。

有次，又去翻阅朱熹的书籍，忽读到上光宗的疏内有段"居敬持志，为读书之本；循序致精，为读书之法"的话，心中很悔以前自己的错误，虽然探讨甚博，却未循序致精，宜乎无有所得。于是，一反前之所为；又循其序，思得渐渍洽浃①。但是，物理终是物理，吾心还是吾心，总判然是两样东西，不能融合为一。愈思脑筋愈模糊，愈不能得其解了。沉郁既久，老病复发，他更觉得这"圣贤"二字，自己确实没有分了。

因两次沉思朱熹的学说，不得其解而致病，使他渐感觉朱子的哲理，有许多短缺地方，不得不另图开辟。结果，便造成千古炫耀，与朱学并驾齐驱的"王学"。

为厌弃哲学，又偶闻道士大谈其养生之论，"圣贤"已知无分，遂想跟着道士入山修道，去讲养生的学问，不再过问世事。这个念头一起，他的人生观，陡地又变了。

一时要报国，一时又想入山；一时想做圣贤，一时又想讲养生；一时热度，几达沸点；一时又降到冰点之下。学业复杂，信仰无定，我们无以名之，惟有名之曰：环境冲动的矛盾个性而已。

弘治十二年，阳明已有二十八岁。在这年春季，又届会试之期，想入山做道士的念头，已经收起；又是豪兴勃勃，要来雪以前二次之耻了。揭榜之日，赫然名居南宫第二，赐二甲进士出身第二人。

---

① 洽浃，qià jiá，广博、周遍。

虽然不是状元，却比状元也差不了几多。有志者事竟成，以前之二次失败，就是助成这次的成功。较之一般稍为失败，而就气沮神丧、不再求前进的少年，真有天渊云泥之比呀！

一脚跳进了宦海，生活上自然起了大大的变化。这次试中，就是生活转变的一个大关键。我们看他少年的生活，已闭幕了；而政治的生活，却启幕将开始表演了。

第五章·初入仕途的政治生活

游历心得的贡献——御边政策

这一次会试，本来是应让阳明居第一名的，因为徐穆力争，所以退居第二；虽是第二，却反比第一名徐穆的声望大得多。天子又命他观政工部。这时他已成为一个新贵少年，大有意气不可一世之概哩。

秋间，工部特差阳明去督造威宁伯王越的坟墓，阳明很勤苦地替他鸠工修造。后来造好，威宁伯王越的家里人，都很感谢，特地送他许乡金帛礼物，作为酬劳，阳明丝毫都不肯受。威宁伯家里的人，见他坚辞不受礼物，只好再用别的东西来送给他；明知财物他决不受，除非是点高贵清雅的物品，或者他还肯留下。想来想去，只有威宁伯自己用的一把宝剑，现在还遗留在家里，而且家中又没人会使用，于是便把这剑送给阳明，并坚要其收下，不准再辞。阳明一见这剑，心中不胜惊异。原来他在未及第之先，就梦见威宁伯赠他一把剑；现看见的，就是梦中所见的宝剑一样。这样奇巧的事，教他如何不惊异呢？一来是威宁伯家里的人要他非收留此剑不可，二来正符梦中情事，所以就拜谢收了下来。

有天，京师忽然天空里彗星发现，弄得京师内外，人心惶惶，惊惧变色，都视为大祸将至。这时又值边境不宁，虏寇猖獗，愈觉疑虑纷纷，连天子也有点心惊胆战。因为这个彗星，是个极不祥之物，如果一出现，就是刀兵四起，国事陵夷的先兆，惟有赶快设法禳解才好。至于禳解的法子，就是天子自己向天祈祷，引过自责；又一方面，下诏求言。这次京师忽然发现这个不祥之物，天子当然也异常忧虑，循例向天祈祷，又循例下诏求言了。

求言诏一下，阳明发展抱负的机会，也就来到。蕴积胸中的治边政见，借此正可以大大地发泄一下，于是便上了一疏。这篇疏内所陈共有八事：第一，是蓄材以备急。他眼见那时朝廷，虽设武举，所得不过偏裨之材，并非能韬略谋猷的大将。而公侯的子弟，又是虚应故事，阳奉阴违。一会议便仓皇失措，如何还能负起大任？国家不预为储蓄大将之材，以备急需，这是最危险的。第二，是舍短以用长。他觉人材是不易得，过于吹毛求疵，决定是不对。即子思所说"勿以二卵，弃干城之将；勿以寸朽，弃连抱之材"的意思。第三，是简师以省费。这是主张兵贵精而不贵多。多而不精，且又耗饷。第四，是屯田以给食。这里颇含有寓兵于农之意。也是省饷持久的兵家要诀。第五，是行法以振威。这乃他愤恨当时一般丧师辱国的人，借着来头大，靠山好，虽是丧师辱国，却反逍遥法外，"朝丧师于东陲，暮调守于西鄙"。这样法等虚设，如何不懈战士之心、兴边戎之怨呢？惟有严厉执法，不稍宽徇，方可克敌制胜。第六，是敷恩以激怒。这是说要抚恤为国丧亡的将士，使死者无怨言，生者会感动。一方面激励其爱国心，一方面又使其恨敌复仇。第七，是捐小以全大。即兵法"将欲取之，必固与之"的诱敌之策。第八，是严守以乘弊。这是说：中国的军队，工于自守；胡虏的军队，长于野战。最好用中国军队之所长，严守勿战，蓄精养锐，以逸待劳，乘其疲罢，然后用奇设伏，出其不意，以击溃之：这篇疏是阳明以前调查胡虏虚实、研究兵法秘诀、参合当日情势的结晶品，也是阳明初步政治军事才能的表现。因其见得远澈，所以说得这样剀切。只可惜因权臣秉柄，天子暗弱，竟把这疏，屏置而不采用，以致国势日削，竟召覆亡之祸，都是明代天子自取啊！

遡楷古初孔曰性近禮亦有言人
生而静喜怒未生是曰本性心分
本虛與物相印習染既有非斯
定餘姚性學千秋定論良知之說
孟氏所索存理遏欲未發為中洗
心藏家忠與民同任自發有感
遏通湛然虛明廓然大公知行合
一性道事功

焦秉貞

王陽明先生真像

王阳明先生像，清康熙中期焦秉贞绘。

| 明万历37年（1609）原刊本《三才图会人物卷》
中的王阳明像，明王圻、王思义撰辑。

| 明隆庆时期谢廷杰刊本《王文成公全书》中的
王阳明像，钱德洪编次，王畿增葺。

| 中国历史博物馆收藏的王阳明像。此像为各类
书籍、刊物采用最多的一幅阳明先生像。

| 疑为明嘉靖年间蔡世新所绘的王阳明像。提识为
"公至赣日，开书院，与海内名士大夫讲学。设社
教郡邑子弟歌诗习礼，岭北风俗，为之一变。"

| 贵阳阳明祠于清嘉庆年间收藏的王阳明先生朝服大像，光绪七年
（1881）仲春贵筑社杜瑞徽捐刊，雕像者：黄辅辰。杨德俊供图。

| 20世纪初美国著名旅行家 William Edgar Geil 的著作《Eighteen
Capitals of China》(《中国十八省府》) 中的位于广州的"王阳明公像赞"
插图照片。

| 王文成公真影燕居图，日本东氏藏幅，
蒋庆、杨德俊供图。

陽明先生王守仁之像

| 韩国摹仿明《三才图会》中新建伯王文
成公守仁像的摹画像。杨德俊供图。

四明上菁李家塔《王氏宗谱》中王阳明六世祖王纲画像。杨德俊供图。

王阳明父亲王华画像。

| 余姚王阳明故居前新建伯牌坊，上刻凿有
"特进光禄大夫、柱国、新建伯，兼兵部尚
书、都察院左都御史王守仁"等字样。

| 鸟瞰余姚王阳明故居。

| 故居的大厅"寿山堂"。

| 王阳明出生地"瑞云楼"。

瑞云楼为重檐硬山、五间二弄的二层木结构楼房。楼下明间檐下悬有史树青先生题写的"瑞云楼"匾额；明间前檐柱的楹联为"立德立功立言真三不朽，明理明知明教乃万人师"；内檐柱的檐联为"曾将大学垂名教，尚有高楼揭瑞云"。

| 会稽山中的阳明洞天：一块倾斜的岩石跟地面形成的天然空地，因处于山之南，可以避风遮雨，藏身其内。根据明万历《绍兴府志》的记载以及清初学者毛奇龄的著述，石前空地就是王阳明青年时期筑室读书的地方。

| 明万历《绍兴府志》中的"稽山书院图"。王阳明于此阐述"致良知"之学，并撰《稽山书院尊经阁记》。

| 王阳明悟道石洞——阳明洞。

| 阳明洞内部摩崖石刻。

| 位于江西赣州大余县青龙镇赤江村附近章江西岸的落星亭，
即王阳明去世处。

| 浙江绍兴王阳明墓。

王阳明墓在绍兴兰亭镇花街村东南鲜虾山南坡，北靠鲜虾山，
前临洪溪，有"抖水鲜虾"之称。占地2000平方米，坐北朝南，
由神道、平台、墓冢组成，全长70余米。墓丘呈圆形，直径10米，
条石错缝叠砌。墓前横置青石祭桌，石栏围护，间以覆莲望柱，
平台前为石阶，神道基本保持原有格局。墓东侧有近年移建的
明代建筑——王守仁祠。

由明代陈元素编并评点的《注释评点古今名将传》中有关王阳明的文字记载，明天启三年刊本。

| 明隆庆时期谢廷杰刊本《王文成公全书》书影。钱德洪编次，王畿增葺，总三十八卷。

|《传习录·上下卷》，明嘉靖二十九年王畿重刻本书影。

| 清末填墨本《王阳明行书太极图说》。宋周敦颐撰，明王阳明书。

| 王阳明家书《与郑邦瑞尺牍》纸本（局部），行草。24×39.8cm。美国普林斯顿大学美术馆藏。

郑邦瑞是王守仁外甥。明嘉靖二年（1523年）癸未，王阳明年五十二岁，在余姚省亲。同年九月，葬父亲海日翁于余姚天柱峰，葬郑太夫人于徐山。嘉靖四年（1525）初，王阳明夫人诸氏也逝世，同年四月，附葬诸氏于余姚徐山。同年九月，王阳明回到余姚扫墓。此通手札是王阳明吩咐郑邦瑞对家事的安排。虽然通卷为行草书写，行目明晰，未有涂抹，字迹点画交代明白，易于辨识浏览。此手札保存亦完整无损，品相完好，为有明名人遗存书法作品中的杰作。

| 王阳明《象祠记》卷纸本，草书。30.9×700cm。台北故宫博物院藏。

正德三年春，王阳明经过长途跋涉才至贵州龙场。这次贬谪对他来说是个打击，然对其思想的转变十分重要。龙场在贵州西部万山丛中，身处虫毒瘴疠，与苗裔为邻。王阳明在这种环境中独悟格物致知，乃以默记五经之言证之。贵州宣慰使彝族土司安贵荣闻先生名，曾使人馈米肉，又重以金鞍帛马，俱辞不受。但请王阳明为象祠作记，却欣然命笔。黔西水西苗地有灵博山，上有象祠，这是苗族人裡祀之祠。王阳明以象祠之渊源，抒发了一通风俗教化的道理。阳明此文，文笔优美，文意深邃。该文收入《古文观止》。

王阳明书写本幅时只三十七岁，以草书书写，草法娴熟，笔力奔放昂扬，使转顿挫皆极有法度，字形变化多端，线条遒劲多姿，是王阳明传世草书的精品。

九华山之游

　　自陈上《边务八事》的疏后，阳明的声望，更加隆起。天子虽然未采用他的奏疏，但是也很器重他有胆有识，才能迈众。授他为刑部云南清吏司主事职，并命他往直隶淮安等府，会同各该巡按御史，审判重囚。什么叫做重囚呢？就是犯了很重大罪的人，名为重囚。这些囚犯，其中真实犯了很重大罪的人，固然不少，但是没有犯罪，受了冤枉的，也不能说绝对无有。阳明在审判的时候，很为留心注意，丝毫不忽，一件一件，都断得异常清楚公平。有罪的自然逃不出森严的法网；无罪被诬的，自然就都得释放。狱平之后，人民都称颂不已。

在京当小京官，乃是最清闲的一个差事。阳明也是小京官中之一，幸亏还做了两件事——造威宁伯坟，与审江北重囚——借以破破岑寂，一到这两件事办完了之后，依然还是过清闲的日子。有次，忽动游山之兴，乃往安徽青阳九华山去游历，游毕还做了一篇《九华山赋》，这赋做得颇为当时人所传诵的。

他做的赋内并含有三重意思：第一，抱着救国救民的极端入世思想；第二，因入世不能，却又抱着独善其身、个人享乐的极端出世思想；第三，是如若初心可绍，还是入世贯彻初衷为得。这赋实可以代表此时阳明的思想，由此也可窥见其生活尚在歧路上彷徨着。这赋里前面多是说山，后段则几全是述个人的怀抱。我们于此要认清此时的阳明，乃是一个极端入世主义者。他的出世观念，乃是由于入世不能所致，决非原来的本旨。他之所以想出世之切，便是他愈想入世之深了。

在游九华山时，住宿的是无相、化城诸寺。那时有个道士，名叫蔡蓬头，善谈仙。阳明遇着他时，款待极其恭敬，问他关于仙家的事。蔡蓬头答以"尚未"。阳明恐他是因人多处不便说，便避开左右的人，将蔡蓬头引到后亭，再拜而问，蔡蓬头笑道："你的后堂之礼貌虽隆，但你终忘不了官相呀！"说毕就一笑而去。原来蔡蓬头，明知阳明不是学道修仙的流侣，所以不愿多谈。

这时，阳明似真要抱着求仙的思想了，恭恭敬敬地问蔡蓬头，结果反受一顿讥讪，无故被他奚落而去。照情理说，他似应死心塌地，不再往仙家的路上跑，免得白碰钉子了。但他偏不忘情，又听见人言：地藏洞有个异人，坐卧松毛，不食人间烟火，确是一个活仙人。"求仙若渴"的阳明，听了这话，好奇的心又被打动。心想：这乃是一个好机会，不要轻轻错过了。于是就动身前往，沿途经历了许多的艰险，才能走到地藏洞，恰巧那位异人，正在熟睡未醒。阳明不敢去惊动他，就在异人的足旁坐下，一边用手来慢慢摩抚异人的足。异人忽地惊醒了，睁眼一见阳明，也不疑讶，好像已预先知道他来了的一样，只问："路这样的艰险，你是如何来的呢？"问了之后，就同阳明谈论最上乘的道。末后又说："周濂溪、程明道，是你们儒家的两个好秀才啊！"依这话的意思，便是有勉励阳明，还是学儒家周程最好。言外之意，便是教他莫向仙家的路上跑，免得误了自己。阳明到了第二次再去访他，异人已不在原地方。这大概为避免阳明重来，所以早就暗自迁徙别处去了，阳明只好怅怅而归。后来时常发"会心人远"之叹，就是为的想念这个异人。

在这时期，阳明好像入了魔似的，天天总在发"仙迷"，几乎除了学道修仙以外，简直再没有别的事情，放在心上。我们这位大哲学家，难道就长此以往，这样的发"仙迷"么？不啊！不啊！光明的灯，已在那里辉煌开始将要照耀着他，他不久就会弃这黑暗的歧途，去走上那光明的大道了。

第六章 · 改过自新的生活

溺于词章仙佛之最后觉悟

阳明在幼年时候，还能遵规循矩，立志上进；哪知一到了少年时代，便任性所为，宗旨无定。学业既是复杂异常，信仰又是朝迁夕易。综记起来：一溺于任侠，二溺于骑射，三溺于词章，四溺于神仙，五溺于佛氏。这五溺之习，到了此时方才悔悟，而归正向圣贤之学，由此可以知道少时之豪放纵性，适所以锻炼其品格性情，养成其晚年之大器啊！

他在以前，原是个肆力古诗文的人，所作文字，力避当时一种模拟的风气，推倒一些陈腐的滥调，努力表现他创作的天才。至今中国文学史上，他还是高据一席，与韩、柳、欧、苏诸人并驾齐驱。

可知他不独在哲学上获了大成功，就在文学上也是获了成功的。

初入京师，与太原乔宇，广信汪俊，河南李梦阳、何景明，姑苏顾璘、徐祯卿，山东边贡等人，以才名争相驰骋。这般人都是长于词章的文学家，其中更以李梦阳、何景明二人为最负盛名。阳明因这时也爱研究诗章，故亦加入他们的团体，随着一样去以文笔赌出锋头。过了一些时，他才悔悟，同这般人去争词章之虚名，是不对的，而且也没有什么好结果的。充其成功，也不过是个晓通词章的文学家，究与自己有何补益？乃叹道："我焉能以有限的精神，去学这些无用的虚文呢？"从此就收拾词章旧习，与一般词章之友告别，打算回越另找新工作来干了。

次日，阳明便上疏告病归越调养。这也并非饰词，在以前他就有个虚弱咳嗽的毛病，幸亏有个高明医生，给他诊愈了，但是病根尚未治绝，故此嘱他服食药石，还是不能间断，否则恐有复发之虞。阳明因见病已痊，对于医生的叮咛嘱诫，早已遗忘。自从造威宁伯的坟，勤督过度；又加以奉旨往淮甸审理重囚，沿途冲风冒寒，辛苦自不待言；复以审判时用心太过，以致旧疾又复萌芽，更以回到京师，呕心血、绞脑汁的争词章之雄。在日里要治理案牍，晚上又要燃灯攻读五经，及先秦两汉的书史。龙山公也曾屡屡教他不可过劳，并禁止家人，不许书室里置灯；但是每等龙山公一就寝后，依然还是燃灯重读，每每读到夜深人静，还是未曾去睡。照这样长此下去，就是再强健无病的人，也要生出病来，何况阳明，以一文弱书生，而又宿疾未全愈呢？他的疾之复发，是不消说得的，而且还加上一个呕血的重症。少年肺痨，似已形成。这一病势，来得不轻，龙山公也为忧虑异常。阳明自己也知道这病复发的原由，多系劳苦过甚所致；兼之又悔词章之虚而无用，白白地糟蹋精神。因此便上了一乞养病回籍调息安养的疏，幸得天子允许，遂暂弃政治生活，回乡养病过清闲生活去了。

回乡后，便筑室于会稽山阳明洞，自号为阳明子。所以后来学者，都称他为阳明先生，就是根据这阳明子之号而来的。久在恶浊的城市中、烦嚣的生活里，一旦换到这山清水秀地方，新鲜净爽的空气之中，所见的是草色花香，所听的是泉声鸟语；便觉心旷神怡，另有一个天地。阳明的疾，忽地霍然愈了一半，他不由得不醉倒在这大自然的怀抱里啊！

静居在阳明洞，不久，病已好了许多。无事时，便习道家的导引术。至于这导引术，究是何人授给阳明，则不可知。此术行之既久，渐渐能先知未来的事，现在我要引一段阳明能知未来的故事在后面。这段故事，是根据《阳明年谱》而叙述的，至若是否真有其事，作者亦不敢妄为臆断。圣人也曾说过："至诚之道，可以前知。"

阳明所行导引术，是否即是"至诚之道"？究竟如何"可以前知"？那就无从知道了。

　　阳明在筑室于阳明洞时，有一天，他的朋友王思舆等四人，闻知他在洞中行导引术，思欲偕往一访，借观其修道若何。不料刚行出五云门时，便遇着阳明派来欢迎他们的仆人。原来阳明，果能知道未来的事了；他已知王思舆等今日来访了，故特命仆人先往迎迓。并对仆人言：来者系为何人，同伴共有几位，由何处而来，在何处必能遇见，现在果如他的所料，毫厘不爽。仆人乃将阳明所料一一告知王思舆等，王等大为惊异，均以阳明果真得道，能知未来的事了。晤面之后，思舆等佩服恭维得几乎五体投地，阳明自己也得意非常。过后好久，他自己忽然悔悟，这行导引术能知未来，乃是左道异端之事，决不是正道。故说："此簸弄精神，非道也。"由此便摒弃导引术，抛开一切杂念。已而静久，又想离世远去，但又舍不掉祖母同父亲。此念在心，总不能释。又久之，更彻底地大觉大悟了。想道："此念生于孩提，此念可除，是断灭种性矣。"于是对于求仙修道一事根本觉悟，不再误入迷途了。从此一大觉悟，便顿由黑暗的歧途，而跃上了光明的大道，以前种种，譬如昨日死；以后种种，譬如今日生。学业复杂，变为学业纯粹；信仰无定，变为信仰专一。溺于任侠、骑射、词章、神仙、佛氏的王阳明，从此悔过自新，要作一中国的大哲学家了，要做修身敦品、重节砺行的大圣贤了。这一最后的觉悟，即是他一生成败的大关头，他的人生观，已在此一刹那之间，大变而特变了。我们在要看以后他所过的生活，须得另换一副新眼光，不可用看过去的阳明的旧眼光，来看这现在未来崇高博大的阳明先生呀！就是作者，写到此处，也是要另换一副笔墨及手腕，来叙述这位勇于改过的阳明先生之理学生活、圣贤生活啊！

授徒讲学

　　自从觉悟之后，便不再在阳明洞做这"播弄精神"的玩意儿了。一切学道修仙的迷念，被他都击得粉碎无余；离世远去消极的观念，一变而为入世致用积极的观念了。离开了阳明洞，便移居西湖，因自己的病尚未十分复原，西湖也是一个养病的最好所在。阳明趁养病的余闲，在寓则读读书、写写字；出外则周游南屏山虎跑泉的胜景，领略山光水色，倒也清闲自在。又因心无杂骛，病也一天比一天的痊好。

　　有一次，他在湖边闲眺，见一个和尚，正在那里坐禅关。闻已坐了三年，也不语，也不视。他一见就知这个和尚，已是走入魔道。

便思有以破他的迷念，乃大声喝道："这和尚终日口巴巴，说什么？终日眼睁睁，看什么？"坐禅入定的和尚，被他这一喝，不由得不陡起一惊，即开视对语起来。他又问道："你这和尚，家里还有什么人没有？"和尚回答说："有个母亲在家里。"他又诘问道："既然有母亲在家里，你起不起念呢？"和尚对道："不能不起念。"阳明知道和尚已有醒悟的转机，即以"爱亲本性"之旨向他晓谕。和尚一颗枯寂如死的禅心，被阳明当头棒喝的一声，又加上一篇义正词严的大道理，好似如梦方觉；听见阳明说到极亲切的地方，更是禁不住涕泪如雨。立时禅关也不坐，和尚也不做，弃钵抛经，连日赶回家去，侍奉母亲去了。

阳明在西湖静居许久，病也渐渐调养大愈，因旷职日期太多，不能不告别可爱的西湖，依旧回到京师来，销假视事。

恰值这年山东举行乡试，巡按山东监察御史陆偁[①]，素来很为钦慕阳明的品端学粹，特聘请他担任这次乡试的总裁之责，阳明碍于情面，不便推辞，故就应允下来。

同着陆偁到了山东，开始要举行考试，其中所有试录，皆出于阳明的手中。从此他的经世之学，便喧传遐迩，大家都已知道，并

---

① 偁，chēng。

且无不佩服。他还做了一篇《山东乡试录序》，更博得许多人们的赞颂。

阳明是尝过考试滋味的，故此对于考试其中之利弊情形，了然于心。他知道试中所取者，难免不无"沧海遗珠"之事，故说："夫委重于考校，将以求才也，求才而心有不尽，是不忠也；心之尽矣，而真才之弗得，是弗明也。……虽今之不逮于古，顾宁无一二如昔贤者；而今之所取，苟不与焉，岂非司考校者，不明之罪欤！"他自己是落第过数次，故此深恐有遗珠之憾，他又借以勉励应试诸生，绍继前贤，不要"司考校者以是求之，以是取之，而诸生之中，苟无其人焉以应其求"，这都是他以己度人，立心忠厚之处。

乡试完毕，没事再可流连，阳明复回到京师。九月里，改为兵部武选清吏司主事，官秩依然一样，只不过工部换到兵部而已。

自从山东乡试录一出，阳明的声誉益发光大。那时一般学者，都溺于词章记诵之学，专务虚名；对于讲求身心的学问，圣贤经传的要旨，再也没有人去愿意潜心研究探讨。阳明却毅然首先提创，使人先立必为圣人之志；闻者渐渐相继兴起，多愿执贽①及门，甘居

---

① 贽，zhì，执贽，古代交际礼仪，贽即礼品，拜谒尊长及串亲访友时必携见面礼物。

弟子之列，随后来者接踵不绝，弟子益众。阳明见学者多来附和他的主张，窃喜圣学昌明之期不远，他就开始实行授徒讲学了。

明代此时师友之道久废，阳明一旦发起授徒讲学，大家都不免目他是立异好名，其实他们何尝能知阳明用心之苦、立志之大呢？

在许多人，都目为阳明是立异好名的当儿，却有一人，不但不附和众人的俗见，反极端地赞成阳明、钦佩阳明的毅力大志。这人就是阳明后来第一个益友——甘泉湛若水先生。

甘泉是增城人，字元明，名若水，时为翰林院庶吉士，也是当时一个著名的大儒。他们俩初次会面时，阳明就说："守仁从宦二十年，未见此人。"甘泉也说："若水泛观于四方，未见此人。"邂逅定交，大有相见恨晚之慨。由是这两位大儒，共同携手，以发扬圣学为己任。从此圣学果日趋于昌明，讲学之风大盛，直到明末，流风犹自未息。虽然明室之亡，一半是在讲学，这是后来之学者不善，故致流弊丛生，不可即说是倡始者之过，要知倡始者，原是法良意美呀！

第七章·贬谪中的虎口余生

抗疏入狱之生活

这一时期阳明的生活，可以名之为："倒霉生活"，也可以说是阳明最倒运的时代。我为什么用这样不好的字句，来加于他的生活之上呢？因为他在这一时期里，为了一道疏弄得官秩大降，又受行杖，又下狱，又等于"充军发配"式的贬谪。好容易侥幸从虎口里"九死一生"逃出来，所过的生活，只有危险痛苦。这如何不是倒霉？更如何不是倒运呢？

弘治十八年，孝宗崩驾，继登大位的，就是武宗。改元正德。武宗为孝宗长子，名厚照。他一登位，却不像他的父亲那样勤于国政；他所喜欢的是佛学梵语，自称为广法王西天觉道圆明自在大定慧佛，还教手下的人，铸了一个大定慧佛的金印，佩在身上。在宫里，又建一个豹房新寺；又曾命使臣，到远方去迎佛教。虽有臣子进谏，他都斥而不纳。然这乃宗教上的信仰，不能即说是他不好的地方；他不好的地方，是喜欢声色狗马，宠信的是些奸佞阴险的小人。又喜微服私行，曾夜入人家，大索妇女，以致乐而忘返。总而言之，他是一个无道昏君罢了。阳明遇着这样的主子，就是他"倒霉"、"倒运"的机会到了啊。

武宗所以这样无道，固然是他自己的不好；然而最大的原因，就是受了一般小人的诱导。其中有个最坏的坏蛋，名叫刘瑾，是兴平人，本姓谈，从小就有些鬼聪明，立志要做太监，因此拜在中官刘某的名下为螟蛉义子，借以为进身之阶，故此冒作姓刘。在孝宗时候，坐法当死，幸得救免，故切齿痛恨廷臣，誓欲复仇为快。武宗在东官做太子时，他知武宗将来必继孝宗之位，故此百般的附顺奉承。武宗在为太子时，已被他引诱得无所不为，种下坏根，故此武宗同他非常要好，到了身登九五之后，便命他掌钟鼓司 ①。每逢退了朝，与他不是肆意鹰犬，就是纵情歌舞。刘瑾以此益得武宗欢心，又升为内官监总督团营。瑾性素阴狠险诈，至是擅作威福，无恶不作，以致国事日非，万民嗟怨。这时却恼了一位名叫刘健的大臣（洛阳人，

---

① 钟鼓司，宦官机构。明四司之一，掌出朝钟鼓及宫内杂戏。

名希贤，时为文渊阁大学士），便首先出头谏劝武宗，不可宠幸阉宦，导作狎游。武宗不从，瑾复矫旨削去刘健的官爵，罢归田里为民。于是又恼了两位正直敢言的臣子，一个是戴铣（字宝之，婺源人，时为南京户科给事中），一个是薄彦微（阳曲人，时为四川道监察御史）。因见刘健无故削职，不胜愤怒，便共上一疏，大意请帝起复刘健，磔诛刘瑾，以谢天下，而整朝纲。武宗见疏，斥其不应故彰君恶，以沽直谏美名，特差锦衣卫将戴、薄等拿解赴京。弄得朝臣都噤若寒蝉，不敢再谏。但其中却有一位不怕死的小臣，偏要抗疏救戴、薄了。这人是谁呢？不用我讲，读者早已知道了呀。

阳明见武宗被刘瑾一般阉宦引得日事荒淫，不治国事，就已预备拼了生命，要严劾刘瑾的。刘健削职，他就欲上疏抗救。这次戴、薄被解赴京，他一腔忠愤之气，再也忍捺不住，明知那时的刘瑾，势焰正炙，自己不过一区区兵部主事，当然鸡蛋碰石头，总是自己吃亏。而且武宗正恨有人谏劝，不谏固然可以无妨，要是进谏，而十之八九是"死得成"的。但想做忠臣，又决不能贪生畏死，他于是就上疏道：

　　臣闻君仁则臣直，大舜之所以圣，以能隐恶而扬善也。臣迩者窃见陛下以南京户科给事中戴铣等上言时事，特敕锦衣卫差官校拿解赴京。臣不知所言之当理与否，意其间必有触冒忌讳，上干雷霆之怒者。但铣等职居谏司，以言为责。其言而善，自宜嘉纳施行；如其未善，亦宜包容隐覆，以开忠说之路。乃今赫然下令，远事拘囚，在陛下之心，不过少示惩创，使其后日不敢轻率妄有论列，非果有意怒绝之也。下民无知，妄生疑惧，臣切惜之。今在廷之臣，莫不以此举为非宜，然而莫敢为陛下言者，岂其无忧国爱君之心哉！惧陛下复以罪铣等者罪之，则非惟无补于国事，而徒足以增陛下之过举耳。然则自是而后，虽有上关宗社危疑不制之事，陛下孰从而闻之？陛下聪明超绝，苟念及此，宁不寒心！况今天时冻沍，万一差去官校，督束过严，铣等在道，或致失所，遂填沟壑。使陛下有杀谏臣之名，兴群臣纷纷之议，其时陛下必将追咎左右莫有言者，则既晚矣。伏愿陛下追收前旨，使铣等仍旧供职；扩大公无我之仁，明改过不吝之勇；圣德昭布远迩，人民胥悦，岂不休哉！臣又惟君者元首也，臣者耳目手足也；陛下思耳目之不可使壅塞，手足之不可使痿痹，必将恻然而有所不忍。臣承乏下僚，僭言实罪，伏睹陛下明旨，有"政事得失，许诸人直言无隐"之条，故敢昧死为陛下一言，伏惟俯垂宥察，不胜干冒战栗之至！

疏上，武宗大怒；刘瑾更是切齿痛恨阳明，不应道他有危宗社。于是在阙下，先杖四十，打得阳明皮开肉烂，死去活来；后来又下在狱中，现在他所过的，是黑暗囹圄中的生活了。

囹圄生活，是个极黑暗，而且极痛苦的。下狱的时期，又是十二月，正风紧雪飞、天寒地冻的时节，阳明的苦况，也就可想而知。天寒岁暮，思乡忆亲；况又待罪遭谗，生死莫测，阳明处此境遇，真是万感纷集，乱箭攒心。我们且看他在狱中的作品，如：

> 天寒岁云暮，冰雪关河迫，
> 幽室魍魉生，不寐知夜永。
>
> 兀坐经旬成木石，忽惊岁暮还思乡。
> 高檐白日不到地，深夜黠鼠时登床。
>
> 屋罅见明月，还见地上霜。
> 客子夜中起，旁皇涕沾裳。
>
> 天涯岁暮冰霜结，……
> 思家有泪仍多病。
> 幽室不知年，夜长苦昼短。
> ……

来归在何时，年华忽将晚。

萧条念宗祀，泪下长如霰。

　　以上诗句，都足描写他心中的苦怨。他还做了一首《有室七章》的古诗，玩其字里行间，还是时时流露忠君爱主之意。体效《国风》，意取《离骚》，阳明幸而不死，或则就是得此诗之力，亦未可知。诗道：

有室如簴①，周之崇墉。

窒如穴处，无秋无冬。

耿彼屋漏，天光入之。

瞻彼日月，何嗟及之。

倏晦倏明，凄其以风。

倏雨倏雪，当昼而蒙。

夜何其矣，靡星靡粲。

岂无白日，窀寐永叹。

心之忧矣，匪家匪室。

或其启矣，殒予匪恤。

氲氲其埃，日之光矣。

渊渊其鼓，明既昌矣。

_____

① 簴，jù，古代挂钟磬的架子上的立柱。

朝既式矣，日既夕矣。

悠悠我思，曷其极矣！

阳明在狱中囚了许多时候，天子旨下，将阳明贬谪为贵州龙场驿驿丞，阳明出狱时，又做了一首《别友狱中》的诗道：

居常念朋旧，簿领成阔绝。

嗟我二三友，胡然此簪盍。

累累图圄间，讲诵未能辍。

桎梏敢忘罪，至道良足悦。

所恨精诚眇，尚口徒自蹶。

天王本明圣，旋已但中热。

行藏未可期，明当与君别。

愿言无诡随，努力从前哲！

那时的贵州，与京师相去万余里，还是未开化的蛮荒之域，他的朋友，都替他忧虑不已，均恐一入荒漠瘴疬之远地，没有活着还家的希望。但阳明之意，却不在此。他《答汪仰之》的三首诗中，第一首道：

去国心已恫，别子意弥恻。

伊迩怨昕夕，况兹万里隔。

恋恋歧路间，执手何能默。

子有昆弟居，而我远亲侧。

回思菽水欢，美子何由得。

知子念我深，夙夜敢忘惕。

良心忠信资，蛮貊非我戚。

由此诗中，可以知他是"蛮貊非我戚"了。他之念念不能忘者，就是他家中的人。甘泉子也说道："谪贵州龙场驿，万里矣，而公不少怵。"益足证明他是不惧远谪了。

甘泉是与阳明感情最厚的朋友，虽是一旦判袂，却也并不显出嗟怨之态，特歌《九章》以赠，并以勉励阳明。如："与君心已通，别离何怨嗟。"便已道出道义相交，心已互通，虽隔千万里之远，也如一室晤对一样。又如："愿言崇明德，浩浩同无涯。"便有以贤圣之道相互勉之意了。阳明也和以八咏，内第三首云：

洙泗流浸微，伊洛仅如线。

后来三四公，瑕瑜未相掩。

嗟予不量力，跛鳖期致远。

屡兴还屡仆，惴息几不免。

道逢同心人，秉节倡予敢。

力争毫厘间，万里或可勉。

风波忽相失，言之泪徒泫。

在这一赠一酬的诗中，便可窥出这两位大儒的人格，是如何的崇高伟大了。

艰难困苦的途中

阳明这次出狱远谪，全是出于武宗之意，若依刘瑾的心，似非置他于死地不可；但武宗不欲这样干，故也不敢在狱中暗加陷害。他既出狱远谪，瑾心还是不甘，于是暗遣心腹，嘱在路途乘隙刺杀阳明，务要取其性命，以泄宿憾①。刺客领命，于是追随阳明来了。

阳明由京赴杭州，在北新关遇着自己兄弟守文等，难后手足重逢，不胜伤感，曾有诗纪其事云：

———————————

① 宿憾，旧日结下的仇恨。

扁舟风雨泊江关，兄弟相看梦寐间。

已分天涯成死别，宁知意外得生还。

投荒自识君恩远，多病心便吏事闲。

携汝耕樵应有日，好移茅屋傍云山。

时方盛夏，因积劳致肺疾复发，乃养病静慈，旋移居于胜果寺，得门人徐爱为伴。徐爱乃是阳明妹婿，而拜阳明之门的；阳明门人中第一高足，就是徐爱；最先北面称弟子的，也是徐爱。这年为有司所选，将同蔡希颜、朱守中（均阳明门人）入京，阳明还做了一篇《别三子序》赠勖①他们之行。不料这天夜深时候，刘瑾遣的两个刺客已到了，阳明的环境，顿时险恶危殆起来。

恰巧有个救星，就是胜果寺的邻居沈玉殷。他素来钦服阳明，因见有两操北音的汉子，挟着阳明出寺前行，心里就大疑，尾随之行三里许，追至密向阳明说："顷见彼二汉之挟公行，恐不利。"阳明也明知生命操于刺客的手中，危机四伏，无力抗拒，只好任其所为了。沈又与刺客虚作殷勤，问何故欲杀阳明。刺客云为杀之复命，始知乃系瑾所主使。沈又向刺客道："王公今夕，当然不能生存，我具斗酒，与之诀别，且与君等痛饮，君等愿意答应吗？"刺客料知阳明，已

---

① 勖，xù，勉励。

成釜中之鱼，笼中之鸟，决不会有何变卦，也就允许姓沈的话。饮毕，刺客均大醉。破晓，沈乃密教阳明他逸，以石沉江，解遗巾履，放岸上，作自溺状。事后，沈故作痛哭，说阳明已投江自溺。刺客也明知乃沈所行诡计，虽怒沈，亦无可奈何，恐害沈而己亦获贪杯之罪，阳明因此便侥幸脱险了。

阳明的兄弟守文，这时正在杭州应乡试，闻沈报阳明投江，于是大家都说阳明已自溺死。他父亲又派人至遗巾履处捞觅尸身，一般门弟子互相告知痛哭。独有徐爱不哭，并谓阳明决不会自溺，又说："先生将昌千古之绝学，岂忍轻于一死乎？"后果然被他料着。

阳明既脱虎口，私自庆幸，乃附商船往舟山。忽遇飓风大作，一日夜忽吹至闽界福州武夷山。登岸行山径数十里，见一古寺，想要叩门进去投宿，寺僧不许。天色已晚，没有法子，只好跑到另外一个野庙香案下息卧。哪知所卧的地方，却是一个虎穴。到了夜半，虎绕廊大吼，但没有进去，等到天明，虎方他去了。

寺僧每晨总要到野庙里来一次，见有旅客残胾①，则取其行囊以去，习以为常的。讵料②是夜虎但绕廊大吼，并不敢入。寺僧意昨

---

① 胾，zì，残胾，切成的大块肉。
② 讵料，岂料。

夕扣门借宿的客人，必已饱于虎腹无疑，将往收其囊。至则阳明犹酣睡未醒，均大为惊异，称之为非常人。又邀他到庙里，庙里有个异人，原来就是前次阳明新婚之日，在铁柱宫遇着对谈忘归的道士，他乡忽遇故知，自然喜悦非常，乃向道士说："我遭阉瑾之祸，幸脱余生，行将隐姓潜名为避世计。"道士大不赞成他这消极的行为，并说："你有亲在，又有名朝野，要是从此匿迹，则将来设有不肖之徒，假借你的名望，鼓舞人心，万一逮你的父亲，诬你北走湖、南走粤，那你又将如何办呢？倘若朝廷寻究你的家中，岂不反造成赤族之祸么？"说窨又拿出一首做好了的诗，给阳明看道：

> 二十年前已识君，今来消息我先闻。
>
> 君将性命拼毫发，谁把纲常重一分？
>
> 寰海已知夸令德，皇天终不丧斯文。
>
> 英雄自古多磨折，好拂青萍建大勋！

这诗便是勉他不可消极的作出世想，应积极地作入世想。阳明看了，颇为感动；又以道士所言，殊有道理。道士复为阳明占一课，说还是归家赴谪地最好，阳明计乃决定。于是濡墨提笔，题诗壁间，留作此行纪念。诗道：

险夷原不滞胸中，何异浮云过太空。

夜静海涛三万里，月明飞锡下天风。

辞别道士，又有诗纪其事云：

肩舆飞度万峰云，回首沧波月下闻。

海上真为沧水使，山中又遇武夷君。

溪流九曲初谙路，精舍千年始及门。

归去高堂慰垂白，细探更拟在春分。

由武夷至南京，时龙山公因阳明获罪，故迁为南京户部尚书，特私往省视。居了数日，便起程取道赣湘，赴贵州龙场。途次^①草萍驿遇大风雪，颇为困苦。至广信，时正元夕。次鄱阳湖，忽遇娄一斋等，相见惊喜，有《夜泊石亭寺用韵呈陈娄诸公因寄储柴墟都宪及乔白岩太常诸友》诗。至袁州登宜春台，也有诗以纪其事。复至萍乡谒濂溪祠，宿武云观，亦均有诗。入湘在醴陵道中，遇风雨，困殆不堪。至长沙遇周生请益，有《答周生诗》。在长沙因泥潦侵途，不良于行，兼以齿痛之病，《游岳麓》有句云：

---

① 途次，旅途中住宿的地方。

醴陵西来涉湘水，信宿江城沮风雨。

不独病齿畏风湿，泥潦侵途绝行旅。

便是述留滞长沙之原因。离了长沙，过天心湖，又遇巨风，瞬息行百余里。日暮抵沅江，舟已为石所损，补好诘朝[①]复行。风更大，晚泊湖边，风雨越发厉害，舟惧不敢行，但舟中粮已告罄，不进亦将饿死，乃在岸旁慢驶。少时雨阻，趁风续进，夜抵武阳江，惊魂方定，乃入市籴米做晚炊，共庆再生。

阳明在路途因颠沛流离，不禁有去国怀君身世飘零之感，于是便做了一首《去妇叹》，大意是说：楚人有间于新娶，而去其妇者，其妇无所归，去之山间独居，怀绻不忘，终无他适，予闻其事而悲之，为作《去妇叹》。

这里所说楚人，便隐指天子，其妇便是隐喻自己，新娶便是指刘瑾。是仿屈原《离骚》之意而作的。我们来看他的作品吧：

委身奉箕帚，中道成弃捐。

苍蝇间白璧，君心亦何怨。

独嗟贫家女，素质难为妍。

---

① 诘朝，即平明、清晨。

命薄良自喟，敢忘君子贤？

春华不再艳，颓魄无重圆。

新欢莫终恃，令仪慎周还。

依违出门去，欲行复迟迟。

邻妪尽出别，强语含辛悲。

陋质容有缪，放逐理则宜。

姑老借相慰，缺乏多所资。

妾行长已矣，会面当无时。

妾命如草芥，君身比琅玕，

奈何以妾故，废食怀愤冤？

无为伤姑意，燕尔且为欢。

中厨存宿旨，为姑备朝飧。

畜育意千绪，仓卒徒悲酸。

伊迩望门屏，盍从新人言？

夫意已如此，妾还当谁颜。

去矣勿复道，已去还踟蹰。

鸡鸣尚闻响，犬恋犹相随。

感此摧肝肺，泪下不可挥。

冈回行渐远，日落群鸟飞。

群鸟各有托，孤妾去何之？

空谷多凄风，树木何肃森。

浣衣涧冰合，采苓山雪深。

离居寄岩穴，忧思托鸣琴。

朝弹别鹤操，暮弹孤鸿吟。

弹苦思弥切，巑岏[①]隔云岑。

君聪甚明哲，何因闻此音？

阳明是个极端忠君主义者，在这一首诗里，就已完全表现出来了。妙在把自己一片忠君心肠，借弃妇口中能曲曲折折地道出，真不愧为一篇绝妙的佳作。

他从此起，一直到龙场去了。沿途也做了许多诗，纪其行程，这里不再多引了。

在这一节的上半节内，作者叙述阳明的脱难生活，读者不觉得

---

① 巑岏，cuán wán，山高锐貌。

它太神话，像《西游记》《封神榜》《天方夜谭》一样么？不说作者的脑筋腐败，在这科学昌明时代，还大提倡其迷信么？关于这一层，作者实在十二万分地抱歉，对于阳明这次的行程，寻遍各家所述，都纷纷异说无定，不能得个较确切明了的叙述。钱绪山编的《阳明年谱》、黄久庵撰的《阳明行状》、湛若水撰的《阳明墓志铭》、尤西堂作的《王文成公列传》，均各执一说，无从定其是非，而怪诞之记述特多。执经问难之及门诸子，尚且意见分歧，不辨其师之行程所经，无怪后人更要模糊不清了。若以阳明所作武夷、长沙、岳麓、罗泪、沅水的诸诗而言，则行状似乎较为可信；但其中过于怪诞虚幻，实有不能令人可信之点。毛西河 ① 曾对此有过最激烈的攻击，证明其妄。他说：

> 时径之龙场，而谱、状乃尽情诳诞，举凡遇仙遇佛，无可乘间撺入者，皆举而撺之于此。二十年前，二十年后，开关闭关，随意胡乱。亦思行文说事，俱有理路：浙江一带水，与福建武夷、江西鄱阳，俱隔仙霞、常玉诸岭峤；而岭表车筏，尤且更番叠换，并非身跨鱼鳖，可泛泛而至其地者。即浙可通海，然断无越温台鄞鄮 ②，不驾商舶，得

---

① 毛西河，即学者毛奇龄。

② 鄮，mào。

由海入闽之理。且阳明亦人耳，能出游魂，附鬼伥，朝游

舟山，暮飞铁柱，何荒唐也！

这种攻击，真有一针见血之概。用真理实据，证明其迷信附会之不当，即起钱黄等复生，亦不能不低首认罪。但说阳明是径之龙场，似又难以置信。武夷、长沙诸诗，明明是阳明所作，何得云是径至龙场？若依我之臆解：阳明是由京赴杭，避瑾逆谋乃逃匿于武夷，旋即赴南京省视，后再至赣由湘入滇。所有许多荒诞不经之事，均为弟子欲彰其师盛德令名，故加附会，以坚后人信仰的，决不可信。大凡中国人最重的是迷信，所谓是个贵人，必定总有许多神话加于其身。在中国历史上之伟大人物的传记，几乎触目皆有这一类的附会之词。钱绪山作年谱，可惜也不能逃出这个恶例，但明眼人自然不会受他的骗了。

第八章·龙场生活

初至龙场

　　龙场（位于修文县），在贵州西北万山中。蛇虺^①群居，魑魅昼见，实在是西南最荒莽的地方。至明始设郡县，地均夷人（即今之苗民），鴃^②舌不可辨其言语，兼之万山丛莽，瘴疠特多。除却夷人，或则中土亡命之徒，来至该处。但夷人居此，倒也甚为安舒；而自中土来的亡命，率多不胜疫瘴，或被夷人所杀而死，其存者不过十之二三。阳明未到此地之前，早知此种情形，所以在未来以前，便把生死置之度外了。

---

　　① 虺，huǐ，古书上的一种毒蛇。

　　② 鴃，júe，比喻语言难懂。

阳明初到龙场，哪晓得夷人却有一种怪俗习，凡是自中土来的人，先就卜问蛊神，对于来者，可否留居。如卜吉，则不杀，而任其留居；否则便殴杀之。幸亏一卜而吉，方始安然无事。但初至时连居住的房屋都没有一间，只好暂栖于蔓荆丛棘里面，后乃迁到东峰，以一石穴结个草庵，权作安身之所。曾有诗以纪其事道：

> 草庵不及肩，旅倦体方适。
>
> 开棘自成篱，土阶漫无级。
>
> 迎风亦萧疏，漏雨易补葺。
>
> 灵濑向朝湍，深林凝暮色。
>
> 群獠环聚讯，语庞意颇质。
>
> 鹿豕且同游，兹属犹人类。
>
> 污①樽映瓦豆，尽醉不知夕。
>
> 缅怀黄唐化，略称茅茨迹。

这个草庵，虽然是高不及肩，然较之在荆棘之中，总要强出百倍。幸亏阳明带来还有几个仆从，方得将这草庵合力筑成。居住地方，虽已弄好，可是饱腹的米粮，又将告罄。于是仿夷火耕之法，来从事于农了。

---

① 污，wān，器物中间空虚。

在东峰得一洞，改名为阳明小洞天。他诗中有"童仆自相语，洞居颇不恶。人力免结构，天巧谢雕凿"语。足见此洞不恶。他的草庵，也就筑在这洞中。

夷人性本好杀，但因阳明和蔼，故反争相亲敬。见阳明食物告罄，互为贡赠。感化不数月，俨然如骨肉一样。阳明又教给他们，削木为梁柱，刈草为盖，建造房舍之法。由是四方模效，穴居野处的夷人，均有屋宇住了。

夷人因有屋住，非常感激，又见阳明所居的洞穴草庵，非常阴湿卑污。大家便合力经营，替阳明伐木砍树，搬石排泥，不到一月，做了一所很好的屋子。阳明自然也很感谢这些朴质忠实的夷人，肯如此为他尽力。这间屋做得很为讲究，轩、亭、堂等都有。阳明把它们一一题个名：轩名为何陋轩，亭名为君子亭，堂名为宾阳堂，又名其窝曰玩易窝。并且还做几篇文章纪述此事。

新构既成，阳明的学生闻之，也渐渐从远方来集了。均请名阳明之新构为龙冈书院，阳明有诗云：

谪居聊假息，荒秽亦须治。

凿巘①薙林条，小构自成趣。

开窗入远峰，架扉出深树。

墟寨俯逶迤，竹木互蒙翳。

畦蔬稍溉锄，花药颇杂莳。

宴适岂专予，来者得同憩。

轮奂非致美，毋令易倾敝。

营茅乘田隙，洽旬始苟完。

初心待风雨，落成还美观。

锄荒既开径，拓樊亦理园。

低檐避松偃，疏土行竹根。

勿翦墙下棘，束列因可藩。

莫撷林间萝，蒙笼覆云轩。

素缺农圃学，因兹得深论。

毋为轻鄙事，吾道固斯存。

又《诸生来》云：

简滞动雁砮，废幽得幸免。

---

① 巘，yǎn，大山上的小山。

夷居虽异俗，野朴意所眷。

思亲独疚心，疾忧庸自遣。

门生颇群集，樽罍亦时展。

讲习性所乐，记问复怀觍。

林行或沿涧，洞游还陟巘。

月榭坐鸣琴，云窗卧披卷。

澹泊生道真，旷达匪荒宴。

岂必鹿门栖，自得乃高践。

在新屋之侧，又辟一园，名为西园。园虽不大，却宜种蔬。阳明有首《西园》诗，就是他享受愉乐生活的供状。诗道：

方园不盈亩，蔬卉颇成列。

分溪免瓮灌，补篱防豕蹢①。

芜草稍焚薙，清雨夜来歇。

濯濯新叶敷，荧荧夜花发。

放锄息重阴，旧书漫披阅。

倦枕竹下石，醒望松间月。

起来步闲谣，晚酌檐下设。

————————

① 蹢，dí，蹄子。

尽醉即草铺，忘与邻翁别。

　　他又生平最好泉石，恰遇龙场四面，都是丛山幽洞，所以每逢晴日暖时，他总在四山去寻幽探胜。但在山巅看见行云驰逐，又免不了勾起他的思家慕亲之念。有时因为思念太切，竟辗转不能成寐。生活上虽然愉乐，而精神上依旧苦痛、烦闷与不安。兼以他的门生，来了不几天，又都走了，剩下的还是孤孤独独的一个老师。他的门生来此，是特意来省视先生的，不是来从学的，所以住了三宿便去了。阳明却很想他们能留住这里，从事求学，但是谁个又愿舍去家乡，而流恋于瘴疠之远城呢？阳明有《诸生去》的诗道：

　　　　人生多离别，佳会难再遇。

　　　　如何百里来，三宿便辞去？

　　　　有琴不肯弹，有酒不肯御。

　　　　远陟见深情，宁予有弗顾？

　　　　洞云还自栖，溪月谁同步？

　　　　不念南寺时，寒江雪将暮？

　　　　不记西园日，桃花夹川路？

　　　　相去倏几月，秋风落高树。

　　　　富贵犹尘沙，浮名亦飞絮。

　　　　嗟我二三子，吾道有真趣。

胡不携书来？茆堂好同住！

在上面已曾说过，龙场乃是瘴疫最盛之地，凡是中土来的人，什九都会被这瘴疫染死，纵不死也得要害一场病。能够不死不病的人，却是极少。这一次阳明所带了的三个仆人，不约而同地染了瘴疫病。三个人呻吟床褥，都不能起来做事。阳明只好自己去析薪取水来造饭，造好还要送给仆人吃，阳明这时是多么苦啊。

仆人的病，固然是大半受了瘴疠所致，但也有一小半的是中怀抑郁，思乡忆家。阳明也已知道，于是要想设个法子来安慰他们，借以排遣他们的愁闷。最后想出用古诗歌及越调曲，又杂以诙笑，来安慰他的仆人。果然有效，仆人的病，日有起色，不久也都愈了。

有一天，从京师来了一个吏目，是个老人，携着一子、一仆，来赴任的。经过龙场，阳明很想同他谈谈中原近时的事情，不料第二天，他们已动了身，后来有人来说这三个人走到蜈蚣坡都死了。阳明闻着，心里却异常凄婉难受。又念他死在异乡，尸骨无人瘞①葬，便带了两个童子，持畚锸②前去掩埋；并又做了一篇文，来祭死者。这篇文章就是在中国文学上极著名的《瘗旅文》，情意沉痛恻恻，文

---

① 瘞，yì。

② 畚锸，běn chā，盛土器，起土器。

词感喟苍凉，在在都有千古不朽的价值。其一种由同情心发出来如泣、如诉、如怨、如慕的哀音，几乎令人不忍卒读。阳明其余文章，均可无有，只要有这一篇《瘗旅文》，也就足可高居文坛一席了。

维正德四年，秋月三日，有吏目云自京来者，不知其名氏，携一子一仆，将之任，过龙场，投宿土苗家。予从篱落间望见之，阴雨昏黑，欲就间讯北来事，不果。明早遣人觇之，已行矣。薄午，有人自蜈蚣坡来云："一老人死坡下，傍两人哭之哀。"予曰："此必吏目死矣，伤哉！"薄暮，复有人来云："坡下死者二人，傍一人坐叹。"询其状，则其子又死矣。明日，复有人来云："见坡下积尸三焉。"则其仆又死矣。呜呼伤哉！念其暴骨无主，将二童子持畚、锸往瘗之。二童子有难色然，予曰："嘻！吾与尔犹彼也。"二童悯然涕下，请往。就其傍山麓为三坎，埋之，又以只鸡、饭三盂，嗟吁涕洟而告之曰："呜呼伤哉！繄何人？繄何人？吾龙场驿丞余姚王守仁也。吾与尔皆中土之产，吾不知尔郡邑，尔乌为乎来为兹山之鬼乎？古者重去其乡，游宦不逾千里，吾以窜逐而来此，宜也；尔亦何辜乎？闻尔官吏目耳，俸不能五斗，尔率妻子，躬耕可有也。乌为乎？以五斗而易尔七尺之躯；又不足，而益以尔子与仆乎？呜呼伤哉！尔诚恋兹五斗而来，则宜欣然就道。乌为乎？

吾昨望见尔容蹙然，盖不任其忧者。夫冲冒雾露，扳援崖壁，行万峰之顶，饥渴劳顿，筋骨疲惫，而又瘴疠侵其外，忧郁攻其中，其能以无死乎？吾固知尔之必死，然不谓若是其速，又不谓尔子、尔仆亦遽尔奄忽也！皆尔自取，谓之何哉！吾念尔三骨之无依而来瘗尔，乃使吾有无穷之怆也。呜呼痛哉！纵不尔瘗，幽崖之狐成群，阴壑之虺如车轮，亦必能葬尔于腹，不致久暴露尔。尔既已无知，然吾何能为心乎！自吾去父母乡国，而来此二年矣，历瘴毒而苟能自全，以吾未尝一日之戚戚也；今悲伤若此，是吾为尔者重，而自为者轻也，吾不宜复为尔悲矣。吾为尔歌，尔听之。"歌曰："连峰际天兮，飞鸟不通。游子怀乡兮，莫知西东。莫知西东兮，维天则同。异域殊方兮，环海之中。达观随寓兮，奚必予宫。魂兮魂兮，无悲以恫。"又歌以慰之曰："与尔皆乡土之离兮，蛮之人言语不相知兮，性命不可期。吾苟死于兹兮，率尔子仆，来从予兮。吾与尔邀以嬉兮，骖紫彪而乘文螭兮，登望故乡而嘘唏兮。吾苟获生归兮，尔子尔仆，尚尔随兮，无以无侣悲兮。道傍之冢累累兮，多中土之流离兮。相与呼啸而徘徊兮，餐风饮露，无尔饥兮。朝友麋鹿，暮猿与栖兮，尔安尔居兮，无为厉于兹墟兮。"

时刘瑾闻阳明未死，且父子相见于南都，益大恚①，矫旨解龙山公职致仕归乡。阳明得家书，俱知其状，自念一切得失荣辱之心，早已俱亡，惟是生死一念，尚不能释然于怀。故特制一石椁，预备等候死神降临。日夜端居静默，久之，胸中洒洒，也毫不着念了。

---

① 恚，huì，恼恨，发怒。

哲学上惊人的大发明

阳明被刘瑾陷害，贬谪到这蛮烟瘴雨、荒山绝域的龙场来，许多人都要为替阳明惋惜，叹为人生的大不幸。诚然，阳明到龙场，历尽艰险，尝尽苦痛，实可惋惜，也实可云为不幸。但作者之意，则不然。作者不但不惋惜，不但不叹是大不幸；反要快慰，贺为是阳明的大幸。这究竟是什么道理呢？我先引孟轲的话来答复吧。孟轲说："天之将降大任于斯人也，必先苦其心志，劳其筋骨，饿其体肤，空乏其身，行拂乱其所为；所以动心忍性，增益其所不能。"这话真是一点也不错，也就是我替阳明快慰、贺为大幸的本意了。他虽然受一时的小艰苦，却反因以造成了他在中国哲学上有了惊人的大发明，使中国的思想界，顿时起了一种新观念。伟大的创造，就是在艰难困苦中得来。质言之，即是贬谪在龙场的时候，方才发现出来他的"王学"。我们如何不为他快慰，更如何不贺他，说是大幸事呢？

他发明新哲学的动机，就是他初到龙场时候，心里却怀了一个问题。他的问题是："假使圣人处此，更有何道？"这个问题，横梗在心里，总想觅个最圆满的答复。澄心静虑，苦求精思，结果他的问题答复了，并且异常圆满。

因苦求精思，偶在一天晚上，忽然大悟格物致知之理，寤寐中似有人在耳旁告诉提醒一样。不觉喜极呼跃而起，把他的仆人都骇了大跳。他喜极几乎要发狂了，他说："圣人之道，吾性自足，向之求理于事物者，误也。"他将发明的新哲学以五经之言证之，莫不吻合。他此时的快乐形状，真非笔墨所能形容，他此时比穷措大掘着了金窖，还要快乐百倍。他快乐的热度，已达到了焦点。不，恐不止此，连寒暑表都给热破了。

他发明的究竟是什么新哲学，教他这样的快乐呢？他所发明的新哲学，约有三个要点，兹分别说明如下：

（一）心即理，理即心　阳明极端崇服信仰此说。他说："析心与理为二，而精一之学亡。世儒之支离，外索刑名器数之末，以求明所谓物理者，而不知吾心即物理，初无假于外也。"他这种哲理，是非常唯心的，已具微妙深邃，形而上学之基础。为求读者易于了解起见，再引《传习录》上一篇问答于下：

> 爱问："至善，只求诸心，恐于天下事理有不能尽。"先生曰："心即理也。天下又有心外之事，心外之理乎？"爱曰："如事父之孝，事君之忠，交友之信，治民之仁，其间有许多理在，恐亦不可不察。"先生叹曰："此说之蔽久矣，岂一语所能悟，今姑就所问者言之：且如事父，不成去父上求个孝的理，事君，不成去君上求个忠的理，交友、治民，不成去友上、民上求个信与仁的理。都只在此心，心即理也。此心无私欲之蔽，即是天理，不须外面添一分。以此纯乎天理之心，发之事父便是孝，发之事君便是忠，发之交友、治民便是信与仁。只在此心去人欲，存天理上用功便是。"爱曰："闻先生如此说，爱已觉有省悟处；但旧说缠于胸中，尚有未脱然者。如事父一事，其间温清定省之类，有许多节目，不亦须讲求否？"先生曰："如何不讲求，只是有个头脑，只是就此心去人欲存天理上讲求。就如讲求冬温也，只是要尽此心之孝，恐怕有一毫人

欲间杂；讲求夏清也，只是要尽此心之孝，恐怕有一毫人欲间杂。只是讲求得此心，此心若无人欲，纯是天理，是个诚于孝亲的心：冬时自然思量父母的寒，便自要去求个温的道理；夏时自然思量父母的热，便自要去求个清的道理。这都是那诚孝的心发出来的条件。却是须有这诚孝的心，然后有这条件发出来。譬之树木：这诚孝的心便是根，许多条件便是枝叶。须先有根，然后有枝叶；不是先寻了枝叶，然后去种根。《礼记》言：孝子之有深爱者，心有和气；有和气者，必有愉色；有愉色者，必有婉容。须是有个深爱做根，便自然如此。"

（二）良知　　良知的学说，首倡自孟轲。《孟子》内"不虑而知者，其良知也"，就是"良知"的发见。复由陆象山[①]推衍，至阳明始发扬光大。他说："良知之人心，无间于贤愚，天下古今之所同也。""知善知恶，是良知。""是非心之知也。是非之心，人皆有之，即所良知也。""知是心之本体，心自然会知。见父自然知孝，见兄自然知弟，见孺子入井，自然知恻隐。此便是良知。"

看了上面他自己解释良知学说的要义，便可了然。他还做了《咏

---

①　陆象山，即陆九渊。

良知四首示诸生》的诗，大意不外是说，良知乃是人人心里都有的，无须外求。他还以为"良知"二字，就是圣门的口诀。

（三）知行合一　阳明此处所谓的知，是重在事实上，要直接去应用，不用玄渺虚漠理上的知。这个知行合一的学说，在哲学上要占极重要的位置，兹引《传习录》上，他解释这学说的话来看吧：

　　爱因未会先生知行合一之训，与宗贤惟贤往复辩论，未能决，以问于先生。先生曰："试举看！"爱曰："如今人仅有知得父当孝、兄当弟者，却不能孝不能弟，便是知与行分明是两件。"先生曰："此已被私欲隔断，不是知行的本体了。未有知而不行者，知而不行，只是未知。圣贤教人知行，正是安复那本体，不是着你只恁的便罢。故《大学》指个真知行与人看，说：如好好色，如恶恶臭。见好色属知，好好色属行；只见那好色时已自好了，不是见了后又立个心去好。闻恶臭属知，恶恶臭属行；只闻那恶臭时已自恶了，不是闻了后别立个心去恶。如鼻塞人虽见恶臭在前，鼻中不曾闻得，便亦不甚恶，亦只是不曾知臭。就如称某人知孝，某人知弟，必是其人已曾行孝弟，方可称他知孝知弟。不成只是晓得说些孝弟的话，便可称为知孝弟。又如：知痛必已自痛了方知痛，知寒必已自寒了，知饥必已自饥了，知行如何分得开。此便是知行的本体，不曾有私意隔断的。圣人教人必要是如此，方可谓之知。不然，只是不曾知。此却是何等紧切着实的工夫，如今苦苦定要说知行做两个是甚么意？某要说做一个是甚么意？若不知立言宗旨，只管说一个两个，亦有甚用？"爱曰："古人说知行做两个，亦是要人见个分晓。一行做知的工夫，一行做行的工夫，即工夫始有下落。"先生曰："此却失了古人宗旨也。某尝说知是行的主意，行是知的功夫；知是行之始，行是知之成。若会得时，只说一个知已自有行在，只说一个行已自有知在。古人所以既说一个知，又说一个行者，只为世间有一种人，懵懵懂懂的任意去做，全不解思惟省察，也只是个冥行妄作，所以必说个知方才行得是。又有一种人，茫茫荡荡悬空去思索，全不肯着实躬行，也只是个揣摸影响，所以必说一个行，方才知得真。此是古人不得已补偏救弊的说话。若见得这个意时，即一言而足。今人却就将知行分作两件去做，以为必先知了，然后能行。如今且去讲习讨论做知的工夫，待知得真了方去做行的工夫，故遂终身不行，亦遂终身不知。此不是小病痛，其来已非一日矣。某今说个知行合一，正是对病的药，又不是某凿空杜撰，知行本体原是如此，今若知得宗旨时，即说

两个亦不妨，亦只是一个。若不会宗旨，便说一个，亦济

得甚事？只是闲说话。"

他的学说发明之后，便在中国思想界辟了一个新境地。他的学说实在是最合应用的，也是非常真理的。我再引梁启超先生批评"王学"的话，以便估定"阳明学说"在中国哲学上的价值。

至于"王学"的大概，……简单说来，可以说："'王学'是中国儒教、印度佛教的结合体。"也可以说是："中国文化和印度文化结婚所生的儿子。"其实这种结合，自宋之周程张朱，已经成立，不过到"王学"，始集大成。……实在说来，明末的一百年内，"王学"支配了全中国，势极伟大，我自己很得力于"王学"，所以极推尊他。但是"末流之弊"，无可为讳。"王学"末流的毛病，太偏于形面上的玄学的、主观的、冥想的一方面。……所以讲到这里，不能不怨"王学"末流之弊病，在太重主观，轻视实际。

梁先生这一段批评"王学"的话，实在公允而有见地，"王学"的长处，也不抹煞；"王学"的短处，也不回护。真可以名之为"王学"的"千秋定论"！

几封书信的力量

阳明到龙场居了很久，许多夷人，几尊敬同神明一样。不料有一天思州的守官，特遣差人至龙场来，侮辱阳明。在守官心里想：阳明这个小小的驿丞，哪里还敢反抗，总只有任凭侮弄而已。守官的差人，得意洋洋地到龙场来，果对阳明侮辱不堪，谁知由此竟惹动了夷人的公愤。他们敬之如神明父母一般的阳明，如何肯令差吏来任加侮辱，于是大众便把差人捉住，拳打脚踢，一顿饱打，几乎打得半死。打完，方放差人抱头鼠窜而去。

差人回到思州，见了守官，诉以阳明怂恿夷人，特地殴辱了他。守官大怒，便在上司之前，极力攻击阳明，不应唆使夷人，殴打差吏。

那时有个宪副姓毛的，特遣人至龙场，谕阳明以祸福利害，令往守官处请罪谢过。阳明便复道：

> 昨承遣人喻以祸福利害，且令勉赴大府请谢，此非道谊深情，决不至此，感激之至，言无所容。但差人至龙场陵侮，此自差人挟势擅威，非大府使之也，龙场诸夷与之争斗，此自诸夷愤惋不平，亦非某使之也。然则大府固未尝辱某，某亦未尝傲大府，何所得罪而遽请谢乎？跪拜之礼，亦小官常分，不足以为辱，然亦不当无故而行之。不当行而行，与当行而不行，其为取辱一也。废逐小臣，所守以待死者，忠信礼义而已；又弃此而不守，祸莫大焉。凡祸福利害之说，某亦尝讲之。君子以忠信为利，礼义为福，苟忠信礼义之不存，虽禄之万钟，爵以侯王之贵，君子犹谓之祸与害；如其忠信礼义之所在，虽剖心碎首，君子利而行之，自以为福也。况于流离窜逐之微乎？某之居此，盖瘴疠虫毒之与处，魑魅魍魉之与游，日有三死焉。然而居之泰然，未尝以动其中者。诚知生死之有命，不以一朝之患，而忘其终身之忧也。大府苟欲加害，而在我诚有以取之，则不可谓无憾；使吾无有以取之，而横罹焉，则亦瘴疠而已尔，虫毒而已尔，魑魅魍魉而已尔，吾岂以

是而动吾心哉！执事之谕，虽有所不敢承，然因是而益知所以自励，不敢苟有所隳堕，则某也受教多矣。敢不顿首以谢！

毛宪副接着这封信之后，就转送给守官看。那位守官也自觉惭服，明知衅由自己所起，怎好再怪别人。对此事，也不再提；只苦了那位差人，白白地给夷人饱打了一顿。

这时水西有个安宣慰使，素闻阳明之名，非常钦敬，想与阳明交好，特使人送许多米肉金帛等物给阳明，阳明却丝毫不受，一概谢绝。使者坚欲阳明收下，他无法再拒辞了，只好收下二石米与柴炭鸡鹅之类，至于金帛鞍马之物，无论如何，决不肯受。过后，阳明写了一封信给安宣慰使，一方面感谢他所馈赠的物品，一方面教他不要再送这些东西来。一封正义严词的信，弄得那位想交好阳明的安宣慰使，从此不敢再馈送东西给他了。

水西地方，朝廷以前原预备设卫置城的，城筑好，便因他事而中止了，但是驿传尚存之未废。这位安宣慰使久恨驿传，据在他的腹心，不好作何异动。便想将它去掉，以便任其畅所欲为；朝廷没有驿传，再也不能知晓他所为何事了。不过若果废去驿传，设被朝廷知道了，祸又不小。他明知擅废驿传，是要犯大罪的，而自己又极端想去掉它，事在两难，于是特遣人来请教阳明，问驿传是否可废？阳明就回了他一封信，力言驿传不能擅废。并且说：这是有关朝廷的威信，若是擅自废除，恐要获重咎。信内又说：

> 凡朝廷制度，定自祖宗，后世守之，不可擅改，在朝廷且谓之变乱，况诸侯乎？……使君之先，自汉唐以来，千几百年，未之或改，所以若此者，以能世守天子礼法，竭忠尽力，不敢分寸有所远。……不然，使君之土地，富且盛矣，朝廷悉取而郡县之，其谁以为不可？夫驿可减也，亦可增也，亦可改也；宣慰使亦可革也。由此言之，殆甚有害，使君其未之思耶？

一篇利害分明的大道理，摆在安宣慰使的面前，吓得他再也不敢萌此妄念，想废驿传了。

有个姓宋的酋长属下之阿贾、阿札等，忽然叛乱起来，到处骚扰人民。这次阿贾等作乱，有许多人都说是安宣慰使的主使，阳明也知系安之暗使，于是便又写了一封信，责备他不应按兵不动，坐视阿贾之难而不讨平。并劝他自动速讨叛将以赎罪。安氏不觉悚然自悟其过，遂乃率师一鼓将阿贾、阿札等就荡平了，人民也都赖以安宁。一个桀骜不驯的安宣慰使，却被阳明的几封信，弄得俯首帖耳，不敢不从。以一个小小驿丞，居然能使拥着重兵的宣慰使服从训导，不敢为非，真是创见罕闻的事。

　　我们由此可见一个人的道德学问，感人之深，比什么感动人，都要来得切、来得有效力呀！

贵阳讲学

阳明的学说，渐由龙场传到贵阳了。

贵阳提学副使席书，闻着阳明的学说，非常钦佩，特地亲自到龙场来，问朱熹、陆九渊学说同异之辨，究在何处？他这次到龙场的目的，就是想阳明能给他一个圆满的答复和解释，哪知阳明对于朱陆异同，完全不语，却只把他自己悟出的格物致知的道理，反说了一大套。席书满腹怀疑，又不好怎样再问他，只得怏怏而归。

次日，又复来问，阳明便举知行本体的道理，详细地讲给他听，又证五经诸子之说，无不尽合，席书至此才渐渐知道阳明的学说的价值。阳明见他已有领悟之状，乃又反反复复地讲明，席遂恍然大悟，说："圣人之学，复睹于今日，朱陆异同，各有得失，无事辩诘；求之吾性，本自明也。"于是欣然而归，告诉给毛拙庵宪副，亟称阳明之学说，毛闻之亦钦服不已。遂修葺贵阳书院，愿率贵阳诸生，以事师之礼而事阳明，特敦聘阳明，主持书院讲学。阳明也正想把他研究哲学心得，贡献给世人；今见毛宪副来请讲学，岂有不愿之理，于是就到贵阳来了。曾有诗以纪其事道：

> 野夫病卧成疏懒，书卷长抛旧学荒。
>
> 岂有威仪堪法象，实惭文檄过称扬。
>
> 移居正拟投医肆，虚席仍烦避讲堂。
>
> 范我定应无所获，空令多士笑王良。

诗中所说，因疾正拟投肆觅医，却也不是假话。他原来身体就不很十分强壮，此次到龙场这样瘴疫之地，如何能免不生病哩？有许多人都劝他请巫人来祷神，病必可痊，但他不愿做这迷信无益之举动，以故作罢。

阳明一到贵阳书院之后，便要实行他的教育主张了。他的主张是：

立志

志不立，天下无可成之事。虽百工技艺，未有不本于志者。今学者旷废隳惰，玩岁愒时，而百无所成，皆由所志之未立耳。故立志而圣则圣矣，立志而贤则贤矣。志不立如无舵之舟，无衔之马；漂荡奔逸，终亦何所底乎？昔人有言："使为善而父母怒之，兄弟怨之，宗族乡党贱恶之，如此，而不为善可也；为善则父母爱之，兄弟悦之，宗族乡党敬信之，何苦而不为善、为君子。使为恶而父母爱之，兄弟悦之，宗族乡党敬信之，如此，而为恶可也；为恶则父母怒之，兄弟怨之，宗族乡党贱恶之，何苦而必为恶、为小人。"诸生念此，亦可以知所立志矣。

勤学

已立志为君子，自当从事于学；凡学之不勤，必其志之尚未笃也。从吾游者，不以聪慧警捷为高，而以勤确谦抑为上。诸生试观侪辈之中，苟有虚而为盈，无而为有，讳己之不能，忌人之有善，自矜自是，大言欺人者，使其人资禀虽甚超迈，侪辈之中，有弗疾恶之者乎？有弗鄙贱之者乎？彼固将以欺人，人果遂为所欺，有弗窃笑之者乎？

苟有谦默自持，无能自处，笃志力行，勤学好问，称人之善，而咎己之失，从人之长，而明己之短，忠信乐易，表里一致者，使其人资禀虽甚鲁钝，侪辈之中，有弗称慕之者乎？彼固以无能自处，而不求上人，人果遂以彼为无能，有弗敬尚之者乎？诸生观此，亦可以知所从事于学矣。

改过

夫过者自大贤所不免，然不害其卒为大贤者，为其能改也。故不贵于无过，而贵于能改过。诸生自思，平日亦有缺于廉耻忠信之行者乎？亦有薄于孝友之道，陷于狡诈偷刻之习者乎？诸生殆不至于此。不幸或有之，皆其不知而误蹈，素无师友之讲习规饬也。诸生试内省万一有近于是者，固亦不可以不痛自悔咎；然亦不当以此自歉，遂馁于改过从善之心。但能一旦脱然洗涤旧染，虽昔为寇盗，今日不害为君子矣。若曰吾昔已如此，今虽改过而从善，将人不信我，且无赎于前过；反怀羞涩疑沮，而甘心于污浊终焉，则吾亦绝望尔矣。

责善

责善，朋友之道，然须忠告而善道也。悉其忠爱，致其婉曲，使彼闻之而可从，绎之而可改，有所感而无所怨，乃为善耳。若先暴白其过恶，痛毁极诋，使无所容，彼将发其愧耻、愤恨之心，虽欲降以相从，而势有所不能，是激之而使为恶矣。故凡讦人之短，攻发人之阴私，以沽直者，皆不可以言责善。虽然，我以是而施于人不可也；人以是而加诸我，凡攻我之失者皆我师也，安可以不乐受而心感之乎？某于道未有所得，其学卤莽耳。谬为诸生相从于此，每终夜以思，恶且未免，况于过乎？人谓事师无犯无隐，而遂谓师无可谏，非也。谏师之道，直不至于犯，而婉不至于隐耳，使吾而是也，因得以明其是，吾而非也，因得以去其非。盖教学相长也。诸生责善，当自吾始。

在他的教育主张中，我们看得出几个重要之点：（一）为学第一在立志，志圣则圣，志贤则贤；不立志，就似舟无舵，似马无衔，其危险不堪设想。（二）读书不以聪慧警捷为高，而以勤确谦抑为上，这就是"士先器识，而后文艺"的意思。（三）人不贵于无过，而贵于过而能改。（四）责善朋友，须忠告善道。师虽尊严，亦可谏之，但直不至于犯，而婉不至于隐耳。这便是他对教育上的主张和精神。

阳明这次讲学，最重要的就是阐明自己的学说。但是贵阳地方，地处僻远，知识闭塞，一般学生，从来不知什么是"知行合一"。所以阳明尽管讲得舌敝唇焦，而他们依然毫无领悟。这也难怪他们，连一个提学副使，尚且要细细地讨论，方可明白，诸生怎能一旦就可了解这种精微深邃的大哲学呢？

第九章 ·
谪限满期后的升迁

治庐陵县

为忤了刘瑾，弄得贬谪到龙场，三年之后，谪的期限也满了。朝廷升他为庐陵县的知县，在宦海一落千丈的阳明，渐渐地要往上升浮了。

赴任时，路过常德辰州，遇见旧日门人冀元亨、蒋信、刘观时等，又闻得他们都能卓然自立，不谐流俗，不禁大喜。说道："谪居两年，无可与语者，归途乃幸得友，悔昔在贵阳，举知行合一之教纷纷异同，罔知所入，兹来与诸生静坐僧寺，使自悟性体，愿恍恍若有即者。"即又在途中寄信与冀等说："前在寺中所云，静坐事非欲坐禅入定也。盖因吾辈平日为事物纷拏，未知为己，欲以此补小学收放心一段工夫耳。明道云：'才学便须知有用力处，既学便知有得力处。'诸友宜于此处着力，方有进步，异时始有得力处也。"这段话，就是阳明告学者悟学的法子，是很有价值的。

他自从上任之后，对于政事。不用盛刑，专以开导人心为本。这不是他的迂腐处，乃是他为政的重要学问题处。他已知道用刑是治不好人民的，惟有正本清源，先从开导人心起，方易收民善之效。他考稽旧制，选举县中三个年高德厚、品端行粹的老人，作为治理词讼之事的总裁判，自己只在旁边做个监督，坐视三老审判。他为什么要这样做呢？原来我国人的心目中，最敬重的就是年岁又高、德行又好的老人，所以俗有"凡事要好，须问三老"之谚。阳明已看到了这点，故选三个有德的老人来主持讼事。如若有人诉讼什么事，便使三老向来诉讼的人，委曲劝谕。一般人民，均悔过自责，甚至受了感动太深的，还要泣下。明代的诉讼之风，原是非常之盛，而庐陵县的人民，更是健于讼争。自从阳明这样把人心一一开导，便都觉得诉讼，是件极不好的事，除非是出于万不得已，方来诉讼，否则再也不来。由是积弊已除，囹圄为之日清。

在庐陵县不仅仅是息了讼风，他还做了几件德政，值得我们说一说的。

有一次县里流行症大盛，罹者多不能免，一般人都怕病症传染厉害，每逢自己家中，如有一人染着了流行症，则其余的人，一概都潜自离开了，诚恐感受病者的传染。这病者每每因病还不曾死，可是汤药饘粥^①不继，反多饥饿而死的。阳明一方面派遣医生，分行救治，一方面又出谕劝令子弟，须兴行孝弟，各念骨肉，莫忍背弃。由是染疫而死者渐少；浇薄之风俗，也为之一变。

在县里盗贼颇为横行，民间既无防御之法；以前的长官，又无抚戢之方，盗势由此益盛。阳明便立一种保甲法，保甲法就是与现在的调查户口差不多。又谕寇至须互相救援，坐视者科以重罪。又令各家家长，须严束子弟，毋染薄恶，已染者宜速改过向善；过去不咎，否则即治以法。盗风由此乃戢^②。

天时亢旱，以致火灾流行，有次竟延烧千余家。这原因即在衢道太狭，居室太密，架屋太高，无砖瓦之间，无火巷之隔。所以一遇火起，即难救扑，往往成为巨祸。阳明便立一法，以为救济。凡南北夹道居者，各须退地三尺为街；东西相连接者，每间让地二寸为巷。又间出银一钱，助边巷者为墙，以断风火。沿街之屋，高不过一丈五六，厢楼不过一丈一二，违者有罚。火灾从此也渐渐减少，

① 饘，zhàn，饘粥，稠粥。

② 戢，jí，停止。

即或起火，亦不能成为巨祸了。

此外，还有绝镇守横征，杜神会借办，清驿递，延宾旅，在庐陵总共不过七个月，便做出许多有益于民的成绩。他走了之后，庐陵人还是口碑载道，思慕不已。

昌明圣学的时代

刘瑾自阳明谪后，威权日甚，所有朝廷大小事，皆由瑾专决，故思图谋不轨，也想尝尝做皇帝的滋味。哪料被张永将他作恶的实据，一件一件都觅着了，极力在武宗面前参劾。武宗至此始悟刘瑾之奸，遂执瑾，籍其家，又将瑾磔①之于市。野心勃勃的刘瑾，皇帝的滋味，毕竟没有尝着，抄家杀头的滋味倒被他尝着了。

刘瑾既死，其奸既暴，凡是曾反对过刘瑾的，不问而知是忠臣了。遂将瑾所陷害的人，均复起用。阳明是反对瑾贼最力的人，自

---

① 磔，zhé，古代一种分裂肢体的酷刑。

然也在起用之列。于是升为南京刑部四川清吏司主事。因此阳明离开庐陵，又再入京师朝觐履新了。

他这次晋京所抱的目的，就是要肩起昌明圣学的担子。换句话来说罢，他就是要将自己的学说，阐明起来，发扬起来。

这时有个黄绾，字宗贤的，时为后军都事，少便有志圣贤，专致力研究紫阳、象山、横渠、敦颐、伊川、明道等之书籍。耳闻阳明之名甚久，因不知阳明所学究竟若何，所以未来访谒。但他的朋友储公罐①，却是深知阳明的，于是就写信给他道："近日士大夫，如王君伯安趋向正，造诣深，不专文字之学，实不多见。足下肯出与之游，丽泽之益，未必不多。"黄绾至此，方知向日未谒之失，于是即夕趋见，阳明与语喜道："此学久绝，子何所闻？"黄答："虽粗有志，实未用功。"阳明道："人惟患无志，不患无功。"又问："已识湛若水先生否？"答："未识。"阳明无意中忽得这个志同道合的黄绾，心中真快乐已极，次日便约黄绾与若水相晤，订与终日共学。此时黄绾，还是阳明的同志之友，后来还是执了贽②愿列门墙，因他实在太佩服阳明，不敢自居友位，情愿列以门徒，最后，果然做了王门的一个大弟子。

---

① 罐，quán。

② 贽，zhì，初次拜见长辈所送的礼物。

在刑部不久，又调到吏部，阳明把公事办完之后，就同若水、宗贤等，互相研究圣学。因为感情亲密，所以饮食起居，也是在一处，不肯离开。此时还有一个同僚方献夫，位职在阳明之上，因闻阳明论学之旨，大为倾服，也执贽事阳明以师礼。

若水奉旨，忽欲出使安南，阳明特作诗送他之行，饮食起居不离的同志，忽然去了一个，可知他此时心绪，是如何怅惘寡欢了。

阳明的官运，此时忽然亨通起来，由主事升员外郎，升郎中，接着又升太仆寺少卿。但他此时，对于政治生活，陡地反起了厌烦，殊不愿官上升官，他对于做官，根本已觉得讨厌了。可是君命由不得自己，只好"钦此谢恩"了。

他此时所要想过的生活，乃是山水生活，他所梦想的，是结庐于天台、雁荡之间，终老余年。但朝廷怎能容他这样去过安闲生活呢？梦想依然是梦想啊！

乘履新之便，顺道先拟归家中省亲一次，这回同来的有个门人徐爱，在舟中与论《大学》宗旨，徐爱大悟，喜极跃起，手舞足蹈，似疯狂一样者数日。他这次快乐热度，同他的老师在龙场初发明知行合一的学说的快乐热度，差不多是一样达于沸点。

阳明这回入京师，及门①者特别加多。他的学说，信仰者也愈加增多。昌圣明学的旗帜，拥护"王学"的口号，遍见于京师各处，阳明此次进京的目的，已完全达到了。

---

　　①　及门，登门（正式拜师求学）。

遨游啸咏山水的生活

阳明由二月到家以后，预备偕同徐爱到天台、雁荡去游历，又写信给黄绾约他同去。因亲友羁绊，时刻弗能自由，以是暂作罢论。等到五月终，他决定要去游历了，时值烈暑炎天，而阻者益众且坚，于是又不能动身。没法子，权在附近小山上游赏，暂时过过山水瘾再说。到了七月，他实在不能再待了。黄绾又久候不至，他也不愿再等。于是同徐爱等数人，从上虞入四明，观白水，寻龙溪之源，登杖锡，至于雪窦，上千丈岩以望天姥华顶。年来梦想的山水生活，一一都实现了。

游毕，复从奉化取道赤城，适遇天旱，山田尽干裂，人民都在彷徨望雨，使他亦为之惨然不乐。遂自宁波，还归余姚，半月旅行的生活，暂告中止。归后，黄绾遣使者以书来迎，阳明复书深惜他不同此行。原来阳明之意，非独专事山水之娱，乃是想借登游山水之便，以好点化门人。黄绾是阳明所深爱的弟子，竟未能与于这次胜游，所以他心里，总觉得这是很歉然的一件事。

在家勾留太久了，徐爱又已去，兼以亲友催促，于是离家赴滁州上任去了。

滁州山水佳胜，素已著名，地僻官闲，这一下正合了阳明的心意。他带着一些门人，任意遨游琅玡让泉的地方，领略湖山泉石之胜，一方面又指导他们悟理为学的工夫。门人如若有什么疑难问题，随问随答，无不满意。由是从游弟子益众，每逢月夜，环坐龙潭约数百人，歌声常振山谷。这时阳明的生活，清闲极了，也舒服快乐极了。

清闲舒服快乐的生活，毕竟是不能久享的。在滁州仅居了半载，官又加升为南京鸿胪寺卿，要离开滁州往南京去了。

走的时候，门人都来亲送，一直送到乌衣地方，还是不忍分手，均留居江浦，等候阳明渡江后方肯归去。可知他们师弟之间的感情，是如何的深且挚啊！

到南都后，徐爱也来了，时弟子又群集师门，日夕渍砺不懈。——原来阳明，自正式授徒讲学之后，他的门人，多半是随着他的足迹的。

自阳明离滁州后，他在滁州的一般学生，因离师的原故，渐渐放言高论，或背师教。有人来便告诉阳明，阳明也太息着说："吾年来欲惩末俗之卑污，引接学者，多就高明一路，以救时弊。今见学者渐有流入空虚，为脱落新奇之论，吾已悔之矣。"

有许多人，都以"王学"空虚为诟病，由他这篇话看起来，可知其过，乃在阳明弟子，而不在阳明了。这种流于空虚的毛病，不但现在滁州的学生是如此，就是后来钱德洪等也是如此，这可以说是"王学"的不幸。

阳明正因学生将自己的学说误解了，心中非常懊丧，恰巧又有两个门人名王嘉秀、萧惠的，好谈仙佛，阳明于是又警诫他们说："吾幼时求圣学不得，亦尝笃志二氏；其后居夷三载，始见圣人端绪，悔错用功二十年。二氏之学，其妙与圣人只有毫厘之间，故不易辨；惟笃志圣学者，始能究析其隐微，非测臆所及也。"

因学生易犯流于空虚的毛病，故他不能来严重告诫。许多学者都说"王学"易流空虚，颇近禅学，在此处似可证明批评的不错。但阳明本意，原是不要教人流于空虚的；在上面两段谈话中，也可以证明。至于真正得着阳明真传的，只有清初大师黄梨洲一人而已。因他学"王学"而不流于空虚，能作实在工夫也。

纯孝至情流露的《陈情表》

阳明从幼，便有一件最不幸的事，就是他的母亲早逝了。幸亏他的祖母鞠育，费尽许多心血，才把他抚育长大。他自从过政治生活后，便与慈爱的祖母离开；虽也间或乘便回家省视一次，但不多时，又依然要别去。他这回到京时，他的祖母已经有了九十六岁，他常常忧虑着，祖母的年寿已高，恐再不能在这尘间多留。自己若不早点辞职归家，侍奉祖母一些时，恐怕一旦见背，便要抱无涯之痛，而有不能再见的终身遗憾了。适遇朝廷举行考察之典，拣汰不职僚员，他乘这个机会，便上了一个表章道：

迩者，朝廷举考察之典，拣汰群僚，臣反顾内省，点检其平日，正合摈废之列。……况其气体素弱，近年以来，疾病交攻，非独才之不堪，亦且力有不任。……若从末减，罢归田里，使得自附于乞养之末，臣之大幸，亦死且不朽。

表上以后，满希望皇帝能给他一个"准如所奏"，便好还乡了，哪知结果却大失所望。于是又上疏道：

顷者臣以朝廷举行考察，自陈不职之状，席薰待罪，其时臣疾已作，然不敢以疾请者，人臣鳏旷废职，自宜摈逐以彰国法，疾非所言矣。陛下宽恩曲成，留使供职，臣虽冥顽，亦宁不知感激自奋，及其壮齿，陈力就列，少效犬马；然臣病侵气弱，力不能从其心。臣自往岁投窜荒夷，往来道路，前后五载，蒙犯瘴雾，魑魅之与游，蛊毒之与处；其时虽未即死，而病势因仍，渐肌入骨，日以深积。后值圣恩汪濊，掩瑕纳垢，复玷清班，收敛精魂，旋回光泽；其实内病潜滋，外强中槁，顷来南都，寒暑失节，病遂大作。且臣自幼失母，鞠于祖母岑，今年九十有六，耄甚不可迎侍，日夜望臣一归为诀；臣之疾痛，抱此苦怀，万无生理。陛下至仁天覆，惟恐一物不遂其生。伏乞放臣暂回田里，就医调治，使得目见祖母之终。臣虽殒越下土，永衔犬马帷盖之恩！倘得因是苟延残喘，复为完人，臣齿未甚衰暮，犹有图效之日，臣不胜恳切愿望之至。

疏上，自以为这样情词恳切的陈情表，总可以感动得天子，允他所请。哪知天下的事，每每有出人意料之外的。你所要做的事，偏没有给你做；你所不愿做的事，偏会要你做了。阳明这方面正在竭力积极上的上表辞职，哪晓得原来的官职不但没有辞掉，反而升为都察院左佥都御史，巡抚南赣等处了。

原来那时南赣汀漳等处，群盗蜂起，尚书王琼素知阳明富于军事学识，故特保荐他任巡抚平盗之责。这真把他急煞了，官未辞掉，反而又升一官；归计不遂，反要赴赣平盗了。这教他怎么办呢？于是又复上表，作第三次陈请。

第三次的辞职表上了，皇帝就下了一道手谕说："王守仁不准休致，南赣地方，现今多事，着上紧前去，用心巡抚。"

这样二十几字的一道"御批"，使得阳明再也不敢提起辞职的话。皇帝的威权，是不可测的；他不准辞职，你若还是要辞职，他如怒你不该违抗意旨，给你一个"不遵君命"的罪名，那你就会身与首宣告脱离关系了。阳明已经尝过了一次贬谪的滋味，怎敢再去冒险呢？只好把辞职归家的念头，暂时收起。预备为国驰驱，提兵戡乱了。

阳明的生活，又将由政治转入军事了。我们以前所看的，都是文的生活，现在要看他武的生活了。文剧已经演过，武剧现正开始演奏，请读者朝后看罢。

第十章 · 剿平诸寇

倡行十家牌法

阳明，有的人知道他是个大理学家，有的人知道他是个大教育家，有的人知道他是个大文学家，有的人知道他是个大政治家，但是从来没有人能知道他还是一个大军事家。偏偏给王琼知道，特荐举他现任剿寇与后来讨逆之责，造成一番轰轰烈烈的丰功伟业。使后人对于阳明，更加一层景仰；对于阳明的学问，更深一层认识。这些功劳，不能不归之于王琼。设没有王琼的赏识、举荐，阳明纵有极深湛精邃的军事学，也无人能够知道和注意。那么，他的军事学识，只有永远埋没在他个人的心里腹里，永没有表现暴露的机会。至于他何以能负有如许绝大的军事学识呢？这一半是受了许璋的衣钵真传，一半是自己平日下苦功研讨的心得。合起两个"一半"，就成就了"一个"大军事家的王阳明。

他出京到赣，将开始过他的剿匪生活。在半路上万安地方，就遇着有流寇数百，沿途大肆劫掠，以致许多的商船，都不敢前进。他便联好了很多商船，结为阵势，扬旗鸣鼓而来。一般贼寇，都误以为是官兵来剿灭自己了，一个个均惊惶失色，罗拜于岸，哀恳他说："我们不是贼匪，我们都是饿荒的流民，来请求赈济的。"阳明见他们已悔罪了，便派人上岸晓谕说："至赣后即差官抚插，各安生理，勿作非为，自取戮灭。"许多贼匪都因惧怕法纲，一一自行散归。这虽是一件极平常的小事，然可足见他的才能之一斑哩。

自到赣后，他第一步便做严查户口、清贼内应的工作，原来赣中奸民颇多，为贼寇作耳目，无论官府有何举动，贼寇便已知道，预为防备。故官军剿匪的结果，百分之九十九是失败。阳明知道内贼不除，外贼决不易平。他秘密调查通匪之首领，为一军门老隶，为虎作伥，异常狡猾。于是把这老隶捉来，问他愿生还是愿死？如愿生，须将贼中虚实，暨一切情状，尽量照实供出，可以贷其不死；否则即身首不保。老隶自然是愿生不愿死的，遂把贼情完全实吐了。又因奸民过多，良莠无从查起，乃于城中立十家牌法。这十家牌法，就是与现在的户口调查表一样，但较现在之户口调查表为严密，似含有国民革命军的连坐法的意味，也可说是连环保结式，为治盗匪一个最好的法子，这是阳明特创的。

他初行此法时，便先晓谕人民道：

> 本院奉命巡抚是方，惟欲剪除盗贼，安养小民。所限才力短浅，智虑不及，虽挟爱民之心，未有爱民之政。父老子弟，凡可以匡我之不逮。苟有益于民者，皆有以告我，我当商度其可，以次举行。今为此牌，似亦烦劳，尔众中间，固多诗书礼义之家，吾亦岂忍以狡诈待尔良民。便欲防奸革弊，以保安尔良善，则又不得不然。父老子弟，其体此意。

他料到要行这十家牌法，人民不知，必多怨恨的，所以剀切[1]的晓谕他们，要体念政府是为保安良民起见，不得不行的。纵受须臾苦痛，但可享受永久的安宁幸福。

"御外之策，必以治内为先"。这句话真是不错，自十家牌法一行之后，再也没人敢私通匪类、传递消息、窝藏奸宄[2]了。

---

① 剀，kǎi，剀切，切实。

② 宄，guǐ，宄，坏人。

一面施行治内政策时，一面又精选民兵，所有老弱之卒，一概淘汰，择许多骁勇绝群、胆力出众的壮年汉子，分别教练御侮破敌之术，又令各县长官，照样选择勇壮士卒，分守城隘。各处防备已妥，自己择教的精兵，又已纯熟，于是实行出兵作剿匪工作了。

肃清贼寇

明朝是一个贼寇最多，而又最横行猖獗的时代。就是明朝的国家，后来也是亡于巨寇李白成、张献忠的手里，虽有许多官兵进剿，结果总是劳而无功。自经阳明领兵剿灭，不留一点遗孽，清平将及百年，而无匪踪。这种武功，这种用兵如神，真可说是旷古所未有的。真值得称为"大军事家"四个字！也真不愧这四个字！

他所平的贼寇，头绪纷繁，几无从叙起，兹为使读者易于明了起见，分段述之于下：

（一）平漳州贼　漳州贼魁詹师富、温火烧，是时率众横行，势极猖獗。阳明到赣仅十日，见警报甚急，于是先行进剿。一面移文湖广、福建、广东三省长官围剿，一面自己誓师出发。因贼域早已蔓延四省之广，凡一省剿匪，其他三省必须同时合作，已勒为令。但阳明对于此举，颇不赞成。盖既久候三省，同时进兵，则多费时日，贼易早窜，且仓促之变，尤非随机扑灭不可。故他带着副使杨璋，不等三省兵来，早已下了动员令。遇贼于长富村，战而败之，贼退象湖山，追至莲花石，适于会剿兵遇，乃行合围之策：围宽，反被贼溃出，阳明怒责失律者；后佯云将退师犒众，贼闻不备，遂袭而大破之，漳贼尽平。是役斩贼首七千余级，为时不过二月零三日。

（二）平乐昌、龙川贼　平了漳贼之后，而乐昌、龙川尚多啸众肆掠，将用兵剿之，先犒以牛酒银布，复谕之曰：

　　人之所共耻者，莫过于身被为盗贼之名；人心之所共愤者，莫过于身遭劫掠之苦。今使有人骂尔等为盗，尔必愤然而怒；又使人焚尔室庐，劫尔财货，掠尔妻女，尔必怀恨切骨，宁死必报。尔等以是加人，人其有不怨者乎？人同此心，尔宁独不知？乃必欲为此，其间想亦有不得已者。或是为官府所迫，或是为大户所侵，一时错起念头，误入其中，后遂不敢出。此等苦情，亦甚可悯，然亦皆由尔等悔悟不切耳。尔等当时去做贼时，是生人寻死路，尚且要去便去；今欲改行从善，是死人求生路，乃反不敢耶？若尔等肯如当初去做贼时，拼死出来，求要改行从善，我官府岂有必要杀汝之理。尔等久习恶毒，忍于杀人，必多猜疑；岂知我上人之心，无故杀一鸡犬，尚且不忍，况于人命关天。若轻易杀之，冥冥之中，断有还报，殃祸及于子孙，何苦而必欲为此。我每为尔等思念及此，辄至于终夜不能安寝，亦无非欲为尔等寻一生路。惟是尔等冥顽不化，然后不得已而兴兵，此则非我杀之，乃天杀之也。今谓我全无杀人之心，亦是诳尔；若谓必欲杀尔，又非吾之本心。尔等今虽从恶，其始同是朝廷赤子。譬如一父母同生十子，八人为善，二人背逆，要害八人。父母之心，须去二人，然后八人得以安生。均之为子，父母之心，何故必要偏杀二子，不得已也。吾于尔等，亦正如此。若此二子者，一旦悔恶迁善，号泣投诚，为父母者亦必哀悯而赦之。何者？不忍杀其子者，乃父母之本心也；今得遂其本心，何喜何幸如之。吾于尔等亦正如此。闻尔等为贼，所得苦亦不多，其间尚有衣食不充者；何不以尔为贼之勤苦精力，而用之于耕农，运之于商贾。可以坐致饶富，而安享逸乐，放心纵意；游观城市之中，优游田野之内。岂如今日出则畏官避仇，入则防诛惧剿；潜形遁迹，忧苦终身。

卒之身灭家破，妻子戮辱，亦有何好乎？尔等若能听吾言，改行从善，吾即视尔为良民，更不追尔旧恶；若习性已成，难更改动，亦由尔等任意为之。吾南调两广之狼达，西调湖湘之士兵，亲率大军，围尔巢穴。一年不尽，至于两年；两年不尽，至于三年。尔之财力有限，吾之兵粮无穷。纵尔等皆为有翼之虎，谅亦不能逃于天地之外矣。呜呼！民吾同胞，尔等皆吾赤子，吾终不能抚恤尔等，而至于杀尔，痛哉！痛哉！兴言至此，不觉泪下。

这篇谕文，无论什么人见了，都得要受它的感动，尤其是它那一种蔼然哀怜无辜之情，能使人读了，不觉泪下。果然龙川贼首卢珂、郑志高、陈英等，见此谕文后，便即刻率众来降，并愿效死①以报。后浰头贼将黄金巢，亦率五百人效顺。阳明不费一兵一矢之劳，居然一纸谕文，就把乐昌、龙川之贼平了。

（三）平大庾贼　龙川贼降，以大庾贼最近，议先破之，招新民之在寨的，用卢珂、郑志高等设计，潜行纵火，破寨十九所，斩贼首陈曰能，并其从者五百十级，大庾贼遂平。为时仅二月零五日。

（四）平横水左溪贼　阳明那时驻南康，去横水三十里，乃夜

---

① 劾，xiào，效死，卖力而不顾生命。

抽乡兵善会登山的四百人，使各执旗，赍铳炮，由间道攀崖，伏于贼巢附近高岩，预嘱大兵进攻时，即以火炮响应。又预遣指挥谢昆，率壮士夜上窃险，先发其滚木擂石之伏险的贼徒。于是进兵，贼刚迎敌，忽山顶炮声兀起，烟焰蔽天，回头一看，则红旗满山，以为官军已占据了寨，将弃隘走，而谢昆的兵呼噪出，贼益怯战，阳明麾兵进攻愈猛，贼大溃，遂破长龙等五寨，及横水大寨。

先是未剿横水以前，预遣都指挥许清，自南康心溪入，知府邢珣，知县王天与自上饶入，皆会横水。指挥郏文自大庾义安入，唐淳、季敩①自大庾聂都稳下入，县丞舒富自上犹金坑入，皆会左溪。惟知府伍文定、知县张戬从上犹南康分入，以遏奔轶。至是果各奏肤功：刑珣王天与各破磨刀、樟木、貌湖八寨，会于横水；唐淳破羊牯脑三寨，又破左溪大寨，郏文、舒富、季敩各破狮子、长流、箬坑、西峰十二寨，会于左溪；最后伍文定、张戬亦以遏轶兵，连破数寨。于是横水、左溪之贼均平。计斩贼首谢志珊等五十六，从贼二千一百余，俘贼二千三百余，散归者无算，为时只二十日。

（五）平桶冈贼　横水、左溪之贼既平，因粮尽兵竭，且桶冈险不易下，拟先抚谕，不从再剿之。遣通贼戴罪官民李正岩、刘福

---

①　敩，xiào。

等，直入贼寨谕抚，约次日会锁匙笼候抚，贼初畏威允从，既而变悔，因犹豫不决，故未暇为备。至期，一面派人至锁匙笼如促降者，一面暗遣邢珣入茶坑，伍文定人西山界，唐淳入十八磊，张戬入葫芦洞，俱冒雨进。贼首蓝天凤、钟景方出锁匙笼候命，忽闻阳明的军都至，急返内隘，据水而阵；阳明遂领兵进剿，大破之。贼首蓝天凤、钟景、萧贵模等，均面缚叩军门乞命，桶冈贼遂平，为时仅一月十一日。

（六）平大帽贼　帽贼池仲容，前见阳明抚谕，乃观望不至，但其将黄金巢却已归顺，阳明破横水，黄竟立功，池始惧罪。在阳明征桶冈时亦遣其弟仲安来从，非助官军，乃是乘间预做贼应的。阳明已知其诈，故抑置后队，不使夺隘；及桶冈破，池氏兄弟大恐，益增战具。阳明知有变，至三帽界，见贼戒备颇严，诡问其故。答说："卢珂、郑志高是我们仇敌，戒备系防他来暗袭，不是防备官军的。"阳明假怒着说："你们都是从征有功的，不应以私害公。"值仲安在军，而卢郑密告三帽反状，阳明乃出仲安面质，佯责卢郑为诬陷，假杖系之于狱，而阴使卢弟集兵待，遣人招仲容来。仲容不虞阳明有诈，既来，阳明待益厚，仲容更为不疑。正月三日大享，伏甲士于门，出卢郑于狱，而暴池氏兄弟之罪，尽斩之。于是进灭其巢，一鼓而下；贼首张仲全等恸哭请降，乃纳之；大帽贼尽平。是役斩贼首五十二，并从贼二千余，为时不过十日。

以上所叙的，都是阳明亲平的巨寇，至于旁剿之著者如彬桂贼，此处不再为叙述了。

阳明到赣，不过一年，而所有的贼寇，被他剿抚并用，一齐都肃清了，由是境内大定。他很感激王琼的举荐，及邀请天子赐他军事上的全权，始能便宜行事，荡平匪乱。每于疏后，均推兵部之功，语总不及内阁。时内阁与琼有隙，见阳明如此推重王琼，大为妒恨，谓抚臣无赖，有功状不归之朝廷，而反归之于兵部，是真大不敬。阳明冒尽危险，用尽心机，得来的一点功劳，反遭小人的攻击，真可为之一叹。

虽然妒恨者自妒恨，而阳明的剿匪功劳，无论如何，总不能磨灭下去；论功行赏，升封为都察院右都副御史了。

他得胜班师，回到南康时候，沿途人民都顶香膜拜，并且许多州县人民，还为他立生祠，因他为民除了一大害——匪患，所以人民才这样崇拜他、尊敬他呀！

第三节 |

偃武修文的时期

贼寇已平，武事完结，而文事兴致又动了。

他在此时做了两件很有益于哲学上的事情：

（一）刻古本《大学》 《大学》是中国哲学上一本极重要的名著，就是阳明的"致知"学说，也是由《大学》中产生。后经程子、朱子为之分经分传，其书原是一篇，本来没有经传可分，硬被程朱一分，反失去原有的真质；又有些地方本不阙漏的，被程朱一补，反弄得本义隐晦了。阳明在龙场时，见朱子注的《大学章句》，不是圣门本旨，乃手录古本，伏读精思，果然证明朱子的谬误。他因不满意程朱的分补,遂刻没有分或补的古本《大学》,恢复《大学》原来的完璧。又旁为之释,而引以叙。至于他所释的。是否即《大学》本旨,我们固难断定,然使我们多得一见解的参考,和更多一深切的认识,是无可讳言的。

(二)刻《朱子晚年定论》 朱子因为同明朝皇帝同宗的缘故,差不多尊之如神明一样,再也没有人敢来批评他的不是处;偏偏阳明对他却处处表示不满意——不是人格的不满意,乃是学说上的不满意。于此须得先说明一句:阳明的学说,乃是受了陆象山的影响;换句话说吧,阳明乃是陆的信徒,他的学说,多少都带有百分之七十陆学说精粹的成分。陆对于朱是极端抱着反对态度的,朱的学说是"道学问",陆的学说是"尊德性"。谁是谁非,千载而后,还没有人能敢下一胜负的定谳①。故阳明的不满意于朱子的学说,是当然的,不足为怪。反之,如朱子的信徒对于陆的学说,也是不能满意而要大施攻击的。

至于他为什么要刻朱子的《晚年定论》呢?他借这《晚年定论》来攻击朱子么?但以我个人的见解,阳明刻这书时,固然是含有宣告陆氏的学说,已占胜利;而朱氏的学说,已处失败的地位,而有

_____

① 谳,yàn,审判定案。

（明）鄒守益等撰

王陽明先生圖譜一卷

清鈔本

清钞本《王阳明先生图谱》。明朝嘉靖年间，王阳明去世不久，其入室弟子邹守益为了缅怀先师，激励后学，率领一干同门编了一本《王阳明先生图谱》，即插图本年谱。共有30幅插图，叙述王阳明先生一生之事迹，绘图细腻，线条流畅。

遇僧开言

诗书世家

技惊金山

梦谒伏波

| 登科入仕

| 阳明洞天

| 登临泰山

| 订交若水

上疏获罪

钱塘脱险

| 再遇道士

| 倡导圣学

龙场教化

重入庙堂

| 南京讲学

| 巡抚赣漳

濂溪书院

戡乱南赣

| 破心中贼难

| 闻叛丰城

起兵平叛

擒获宁王

因功见嫉

江西时代

平茶寮碑

讲学白鹿洞

| 为父祝寿

| 平乱思田

|落星章江

|归葬山阴

向陆投降的意味。但也不完全是这样。他实在意义，是推重朱子晚年能悟中年之非，终不失圣门学者态度；可惜为其门人，误执己见，以致真朱学反蔽而不彰，是很可惜的（但后来学者已考证《朱子晚年定论》，不一定都是晚年的言论）。还有一方面，就是阳明的学说倡出后，一般人常把朱子学说来诘难，说"王学"乃是伪学。阳明知道自己的学说，与朱子中年的未定之说，自然是抵牾 ① 很多，但与朱子晚年之说一印证，却正相合。足见自己发明的学说，不是伪哲学，而是极有价值的哲学了。

他把两本书刻完以后，却得了一件极可痛心的事，就是他平日最心喜的门人徐爱，与他长辞了。他此时哀恸，已达于极点。他不仅因为死个门人，便如此伤心，实在是徐爱乃王门第一个大弟子，最能了解认识他的学说。徐爱一死，直接是他学说上的大损失，间接就是中国哲学上的大损失。他看着许多门人，都不及徐爱能知他的学说之深。后来果然阳明死后，门人就分派别，立门户，使"王学"几完全流于虚妄，为举世所诟病。要是徐爱不早死，或者不会如此哩。

徐爱既死，他所遗下的有本《传习录》，是记阳明与门人所问答的话，徐爱特地记下来，这是研究阳明学说的人所不可不读的，薛

---

① 抵牾，dǐ wǔ，抵触、矛盾。

侃将徐爱所录一卷、陆澄所录一卷刻之于虔。阳明的学说，于是更为昌大普遍了。

阳明平贼之后，不仅专注重文事，而且对于政治建设方面，也极力进行，如疏通盐法、设立书院、定兵制、举乡约、立社学、设和平县等事，都是在贼平后做的。

第十一章·

讨逆戡乱

扑灭宁王的逆焰

武宗是个昏暴的君主，宠信一般阉宦，他还不悟刘瑾即是前车之鉴，又爱荒游无度，弄得朝政日非，人民嗟怨，就此引动了宁王的野心，起了"彼可取而代也"的念头。

其实这也不能怪宁王，自古及今，谁个不想尝一尝做皇帝的滋味？无权无能的平民，都有这种野心，何况宁王手握重兵、职居王位呢？只怪他的机会不好，一下就碰着阳明，皇帝没有做成，反使历史上大书而特书"乱臣贼子"等字样，落得臭名千载，供人唾骂，未免太不值得。总而言之，"皇帝"这个位置，实在是个不祥之物，古今的多少人，为要尝一尝它的滋味，弄得骨肉相残，身首莫保的，随在都是。故我说这次宁王大发野心，原不能怪宁王，只怪做"皇帝"的滋味，太具有于勾引迷惑人的大魔力呀！

宁王在未叛以前，见阳明毫不费力的荡平诸寇，心里颇为惊服他用兵之神，因也惧怕阳明，如将来自己动兵时，恐阳明会做对头，从中破坏。他于是派自己心腹刘养正，特往试探，乘间游说，假作宁王慕阳明之学，特请其讲学的。不料阳明是个极端忠君主义者，倒弄得刘养正不敢开口，但阳明因宁王乃是个藩王，既使人来聘请，自然也要应酬一下，便派门人冀元亨往应其聘，并借以观宁王所为。宁王语时挑之，元亨佯不喻，宁王目以为痴。他日，元亨又反复讲君臣之义甚悉，宁王见太不投机，乃作罢。不久就起反了。

阳明此时，因得祖母病重的信，心急如焚，故上疏致仕，旨下不准，反命他往福建勘乱，阳明又不敢违抗，只好遵旨。不料刚行至丰城，就得知宁王作乱，并且杀了都御史孙燧等消息，遽易服弃官舟返。宁王发千余人来劫，几被蹑①及，乃匿渔舟之临江，复到吉安。他已预备不去福建，变起非常，他不能不负起讨逆平乱的重大责任了。

到吉安，与知府伍文定谋，惧逆兵直趋京师，则大局将危不可

---

① 蹑，追踪。

挽，若用计挠阻，少迟旬日，即可以布置一切了。乃阳通刘养正，使宁王早离南昌，并嘱其做内应。阳明又手不停笔，连发公文火牌二百余事，或召勤班，或戒防守，或布告远地；又急上疏飞报朝廷；复与文定征调兵食，治器械舟楫；又传檄暴露宁王的罪恶。时都御史王懋中、编修邹守益、副使罗循、罗钦德、郎中曾直、御史张鳌山、周鲁、评事罗侨、同知郭祥鹏、进士郭持平、降谪驿丞王思、李中都来了；御史谢源、伍希儒，也自粤归。人才一多，办事愈易收效。会宁王的伪檄，也使人赍①到了吉安，阳明便把使者斩了，封檄拜疏以进。又扬言都督许泰、邵永将边兵，刘晖、桂勇将京兵，各四万，水陆并进；南赣王守仁、湖广秦金、两广杨旦合领十六万，将直捣南昌。又诈作蜡书，遗宁王左右相李士实、刘养正，诡令劝宁王速率兵东下，功成必膺懋②赏。故又泄漏于宁王，使他知晓。这一反间计，真用得厉害，宁王已疑李、刘二人有卖已行为了。恰巧李、刘果力劝疾趋南京，宁王越发大疑，不敢出师离南昌一步。过了十天，见朝廷讨伐的兵，一个也没有来进攻，于是才知是上了阳明的大当了。

十天已过，宁王便实行出师，哪知机会已过，阳明在此十日之内，一切都布置调度妥毕，预备对敌，再也不惧怯宁王了。在这千

---

① 赍，jī，把东西送给别人。

② 懋，mào，盛大。

钧一发的时候，被他略施小计，便使敌人不敢出一兵一卒，让自己得以从容布置一切讨逆事务。临这样之非常巨变大乱，镇静不慌，把军事布置得有条不紊，卒收功效，这都是素日修养的力啊！

宁王出兵，南昌仅留少许兵保守，带着六万士卒，诈称十万，浩浩荡荡，直往南京攻来。九江南康因兵少遂以次袭取，又以大兵直取安庆。阳明侦知南昌兵力单薄，而所约各郡勤王之兵，均已如期会于樟树镇，合约八万人，也诈称三十万。有人主张先救安庆之危，阳明不以为然，且云：救安庆最为失计，不如攻南昌，断其巢穴，必获胜利。大家都赞成他的主张。遂派伍文定为先锋，自率大兵直趋南昌，一鼓就克复了。军士太杂，颇有杀掠者，事后都被阳明一一正了军法。一面擒获逆党数十人，封府库，慰宗室，宥胁从，安士民。人民大为欢悦，咸庆重睹天日。一面又派伍文定、邢珣、徐琏、戴德儒等，各将精兵，分道并进，追攻宁王，又派胡尧元等暗设伏兵，安排停当，只候捷音了。

宁王做梦也不曾想着自己的根据地，会入到阳明的手中，忽得南昌失守之信，犹如青天一个霹雳，惊骇得半晌说不出话来。只好返师救援，遇阳明的军于黄家渡，战时伏兵尽出，宁王军大溃。乃退守八字脑，尽发南康、九江之兵，与阳明决死战，不料又大败。复退保樵舍联舟为阵，是夕风极大，被阳明用计火攻，遂遇擒。许多非正式的丞相、将军、死的死，擒的擒，宁王所有的势力，完全土崩瓦解了。

宁王本是一个威权煊赫、势焰滔天的藩王，只因一念之差，想尝做皇帝的滋味，被阳明东出一计，西设一谋，不过一个多月，弄得大败特败，自己还要被擒，真是太不幸了。

一场浩最大的国难，非常的事变，被他肃清得干干净净，而平定这难事的，乃是一位著名的大哲学家，实是前此所未有的奇闻呀！

功成以后的谗谤

在宁王未败以前，武宗因听了许多佞臣的话，总疑心阳明不肯尽力，自己又想尝尝带兵的味道儿，于是自己封自己为"总督军务威武大将军总兵官后军都督府太师镇国公"，带领着京中数万士卒，出发讨逆。阳明以前的捷报，每至京，均被一般奸人匿不上闻，等到良乡时始得阳明"生擒宁王"的捷报，并有疏来谏宗回京。哪知武宗受了嬖臣之谗言佞语，预备把宁王仍放回南昌，候御驾亲征，战而擒之，以显天威。阳明闻知这个消息，不觉大惊失色，好容易擒着宁王，如何能随意又放虎回山，军事那可以视同儿戏。且人民疮痍未复，更何能再经战祸。乃夜见张永说不可放宁王又再战的道理，张永也很赞成阳明的话；可是他又知道武宗的脾气。凡在武宗正高兴做什么事的时候，最不喜臣子谏阻的，即或苦谏，也是不会从纳的。阳明亦知武宗受了嬖①幸的谗言，已无挽回的希望，乃以宁王交付张永，献俘于上，自己就称病往西湖去了。

张忠是武宗最宠幸的一个太监，也就是第二个刘瑾。先前宁王未反的时候，已与忠通。此次宁王为阳明所执，张忠因而大憾。反在武宗面前，诬阳明曾与宁王私通，因畏上亲征，故卖宁王以成其功。这话太诬得无凭据，故武宗也不大深信。阳明在西湖时，忠每矫旨来召他。阳明知系矫旨，不赴，故又密谮②阳明必反。武宗问他何以晓得验明呢？忠说："如试召，必不会来！"哪知一召竟至。忠用计阻阳明，拒之芜湖，不使见帝，借以实其言。阳明知是奸谋，遂入九华山坐草庵中修养，意态萧闲。武宗暗使人侦知其状，说道："王守仁是个学道的人，如何说他会反。"于是仍命巡抚江西，使还南昌。功成后的阳明，此时反因有功而日处在群小谗间之中，即设帐讲学，也都目他为邪说，攻击诬陷，无所不至。但阳明却毫未在意，仍然依照他自己的方针，朝前进行。

---

① 嬖，bì。
② 谮，zèn，诬陷，中伤。

阳明到南昌，张忠已先奉旨早来。他与阳明原是有仇恨的，故意纵自己带来的京军，时常呼名谩骂阳明。而阳明不但不动气，反待京军更厚。京军见阳明如此宽仁，也齐心爱戴，不敢再犯了。就是长官有命令教他们再骂，他们也不肯从了。

　　有一天在教场里较射，张忠自恃有技，以为阳明决计是不会的，遂强逼着请阳明较射。在他的意思，如阳明射不中，便可借以辱羞泄憾。他何曾知道阳明比他箭技还高，能百发百中呢？阳明被他逼不过了，只好慢慢地张起弓来，一箭，二箭，三箭，一连一二三箭都中鹄的，京军也为之欢呼不已。张忠只有垂头丧气，不敢再起轻视之念了。

　　后来张忠带兵回京，与祝续、章纶一般人，百端谗毁阳明，幸亏张永从中代为辩解，独持正论，阳明始得保全。又暗使人教阳明更上捷奏，须云这次讨平逆乱，乃是奉了威武大将军的方略，与诸位嬖幸的指助，方能成就大功。阳明便如其言，把以前的捷奏，完全删改报上。他们一般朋比为奸的金壬 ①，再也不说什么；那位像小孩子一样脾气的皇帝，更是心满意足，不再苛求了。

　　武宗羁留南畿，为时已久，还是不想回京。阳明很想进谏，但

―――――――――

　　①　金壬，qiān rén，小人，奸人。

明知武宗未必肯从，自己只好专心致志，教士卒作战之法。许多人都替阳明忧虑居的地位危险，因为一个昏暴的君主，与一般嫉功妬[①]能的嬖人，怎能容得下这劳苦功高、正直无私的阳明呢？阳明于是做了一首《啾啾吟》，表明自己大无畏的精神，诗道：

> 知者不惑仁不忧，君何戚戚双眉愁？
>
> 信步行来皆坦道，凭天判下非人谋。
>
> 用之则行舍则休，此身浩荡浮虚舟。
>
> 丈夫落落掀天地，岂愿束缚如穷囚。
>
> 千金之珠弹鸟雀，掘土何须用镯镂。
>
> 君不见？
>
> 东家老翁防虎患，虎夜入室衔其头。
>
> 西家儿童不识虎，执竿驱虎如驱牛。
>
> 痴人惩噎遂废食，愚者畏溺先自投。
>
> 人生达命自洒落，忧谗避毁徒啾啾。

读了这首诗，我们可以想见他不畏谗毁的精神，真伟大极了。

阳明前在讨逆时，已得着祖母去世的噩耗，心中着实悲痛，因国难未平，故不敢告仕。现在乱事已平，于是接连上了几道疏，请

---

① 妬，dù。

归省葬，均未获准。武宗也念他此次有功，升他为南京兵部尚书参赞机务，他借此机会，又上疏乞归省葬，便邀准许了。

他因要归越，欲同门人一聚，共明此学，许多门人，都到白鹿洞听讲，他就聚精会神，把自己的学说，尽情发挥，讲毕，不久他便归越去了。

第十二章 · 晚年的生活

重返故乡

久在外面流离的游子，一旦重返故乡，真是人生最愉快、最难得的幸事，可是在阳明，只感觉得神伤心痛、黯然欲涕啊！

真不幸，一位鞠育辛苦的祖母，一旦就溘然长逝了。并且生不但未曾孝养，而死的时候，连面也未曾见，他怎能不哀恸伤感呢！

大难之后，父子重逢，自然是件快活的事，但是痛定思痛，当然免不了的还有一阵难过。

武宗已晏了驾，继位的为世宗，改元嘉靖，进封阳明为新建伯。旨到时，正值龙山公七十生诞之期，阳明奉觞上寿，龙山公勉他须力报国恩，并说："非常之宠，亦岂易受。"阳明伏地听受。可惜不久，这位好父亲就死了。

居父之丧，他的哀痛，自不必说。他又实行素食，百日之后，便令弟侄辈稍进干肉，说："他们豢养已久，强其不能，是无异教他们作伪，这是不可以的。"如若有高年远客来吊，素食中还间肉二器。湛若水来吊时，大不以阳明此举为然，便遗书致责。阳明也承认是罪，不欲多辩。他知若水性质，过于拘执，决不会了解他的用意的。

父亲死了不久，接着他的夫人诸氏，也逝世了。父丧之后，继之以妻丧，他此时的心绪，已凄楚到了极点。他的晚年，直可说是最不幸的时代。虽然这不幸，乃是人生所必经的途径，但总不能不说是不幸啊！

他"不幸时代"的不幸，不仅如此，还有"不幸"又来了。

他因不得在朝宰辅之欢，以致他的学说，也受人剧烈的攻击，骂它是邪学，骂它是离经畔道。攻击他学说的人，一个是御史程启充，一个是给事毛玉，这两位的攻击的动机，是承与阳明不合的宰辅之意。换句话说，他们不是自动，乃是被动的。阳明的门人陆澄，便上疏为六辩以对驳，阳明闻知，连忙止着。教他不要争辩，是非均可付诸公论。他这种态度，是最对的；但无缘无故，被人下一攻击，幸亏不是遇着武宗，否则横被禁止，也是意中事呀。

有一次南京策士，主试的人，也是承忌者意，以"心学"为问，亦欲借以攻击阳明的。阳明的门人，这次与试的，却也有几个：徐珊见出的问题，是含有攻击其师之意，竟不答而出。欧阳德、王臣、魏良弼等则直发师旨，不稍隐讳，也在被取之列。钱德洪则下第而归，深恨时事之乖。阳明反喜道："圣学从此大明矣。"德洪说："时事如此，何见大明？"阳明就告诉他说："吾学恶得徧①语天下士，今会试录，虽穷乡深谷，无不到矣。吾学既非，天下必有起而求真是者。"他的学说，接着受了两次攻击，他却毫不动气生恨，这均是他有涵养的地方。

在越，门人愈进多了，于是特辟稽山书院，作讲学之用。因学生太多，以致地方狭不能容，学生当中，连六十八岁的老人也有，阳明自己也不过只五十三岁哪。

在五十五岁时候，阳明却得了一件极可喜庆的事，就是他在晚年得了儿子了。他以前因膝下空虚，龙山公特择守信之子正宪立以为嗣，这次他的继室张夫人，却也生一子，取名为正亿，晚年得子，出诸望外，实可说是喜庆呀！

---

① 徧，biàn，遍及，普遍。

再平贼寇

　　阳明此次乞假返里，差不多居了五年，对政治生活厌烦了的他，原打算不预备再出山的，偏是天不从人愿，两广又发生了祸患，不容他过晚年清闲的生活，逼着他重复演奏"全武行的拿手戏"——平贼。他的拿手戏，固然是很多，但一般人都最赏识的，却是武戏。所以一遇贼起，便有人就要保奏他负平贼的责任。我们这位老哲学家，不得不为国事，又再效驰驱了。

　　这回所平的贼，究有几处呢? 共有两处：一是思田的贼，一是八寨的贼，兹分述之：

（一）平思田贼　思恩岑浚与田州岑猛，均是该地的土官，因怨生恨，遂致互相残杀。都御史潘蕃，诛浚不立其子，改其地为流官以制之，把世袭的制度打破，改为轮流的制度。总督姚镆率兵讨猛，猛败而死，姚镆欲尽灭岑氏，也想仿潘蕃处置岑浚之法，改其地为流官。不料岑氏旧属苏受等，乘土司不满意姚潘之处置，遂挟众以叛，攻陷思恩。姚镆久征无功，贼焰日势。侍郎张璁、桂萼举荐阳明，于是仍以原官兼左都御史，但阳明之意，以为土官仇杀，究非寇贼攻刭郡县、荼毒生灵者可比，而且岑氏是世官，屡受征调，为国从征有功，不应骤灭，总以恩无为宜。遂以此意上了一疏，旨令更议，他于是不得不出兵了。苏受闻知阳明带了兵来，吓得不敢迎敌，便派人诉告愿降，乞贷一死。阳明许了他的请求，苏遂囚首自缚，自赴军门请命。乃数苏之罪，杖之而贳其死，亲入营抚其众七万，并立岑猛之子邦相为吏目署州事，以苏受等任巡检司，思恩之乱遂平。不用一兵一矢，而自能令人望风即降，足见老哲学家的声威服人了。

（二）平八寨贼　八寨断藤峡诸贼。多系猺人。约有数万之众。凶恶成性，不可改化，屡征不能平。而八寨的贼，尤为猛悍，素为恶地方，那处人民，均感苦痛。阳明带兵来时，人民遮道请剿讨之。阳明应允了他们的请求，便差副使翁素、参将张经，先以万人趋断藤峡，阳明乘贼未备的时候，就领三千多兵进剿。不到一月，诸贼尽平了。

这两处的贼，既被阳明剿灭肃清之后，终明世百年中，无有贼患（到崇祯时候，贼始起明就亡了），这种伟大的功劳，这种铲除贼根不使再萌的手段，真是值得我们的赞慕与钦佩！

八寨的贼虽平，而朝中的谗毁又起，因他原是受命征思田的，没有受命征八寨，这便是阳明有擅专之罪。幸方献夫及霍韬上疏，力辩阳明有功无罪，始得平安无事。

他在征平思田后，觉得教育比军事还要重要，而蛮夷新服，尤非有学校教化不可。于是兴思田学校，兴南宁学校，从此以后，果然"南人不复反矣"。

大哲学家最后的人生

阳明的致死之疾，就是肺病与痢疾，他这病在壮年时代，已就有了。若能让他多享受点山林泉石的生活，或者还不致于即会死。可是频年为国事奔驰，终日不得清闲，又远谪瘴疠之域，他如何能再支持下去。这是他长逝的最大原因啊！

他此次领兵来征思田贼寇的时候，就是带病从事的。贼平之后，他的病更加深了。他便上疏乞归养病，不料旨还未报，他就撒手人间而去了。

当他病还不十分沉重的时候，他还祀五世祖纲增城的庙，他又谒伏波庙。十五岁他曾梦谒此庙，并且还做了一首诗，却不料在五十七岁，将死之前，应验少年的梦了。有诗特志其不是偶然的事，诗道：

四十年前梦里诗，此行天定岂人为。

徂征敢倚风云阵，所过须同时雨师。

尚喜远人知向望，却惭无术救疮痍。

从来胜算归廊庙，耻说兵戈定四夷。

楼船金鼓宿乌蛮，鱼丽群舟夜上滩。

月绕旌旗千嶂静，风传铃析九溪寒。

荒夷未必先声服，神武由来不杀难。

想见虞廷新气象，两阶千羽五云端。

此时门人钱德洪与王畿来了一封信，阳明在病中，也回了他一封，这是最后的绝笔信，大意是嘉勉德洪等并望他督教其子，末还说："纵不遂归田之愿，亦必得一还阳明洞，与诸友一面而别。他自己还没有料到他自己想一还阳明洞，是不能再得了。他更没有料到死神已近临其身了。

他的病已愈剧了，已再不能候旨了。遂自班师，由梅岭到安南时，门人周积来见，看着阳明病势不轻，急迎医诊治。到了第二天，阳明已知生命宣告绝望，便叫周积来说：“我要去了。”积泣下，问师有否遗言。他微哂着说：“此心光明，亦复何言。”说完，就瞑目而逝了！

他死之后，门人多来奔师之丧，舆榇①登舟，人民思及他的遗德，也都为哀痛不止。到南昌，因逆风舟不能行，后风顺便护柩返籍，想生还阳明洞的阳明，却只有灵柩还里了。

他死之后，桂萼谗陷他，说他是擅离职守。乃下诏停世袭，恤典也不行。给事周延先疏争，反被黜为判官；詹事黄绾上疏，力斥桂萼之奸，而皇帝也不听。到后隆庆时，廷臣多颂其功，才诏赠新建侯，谥文成，并许从祀文庙。一位为国事驰驱而死的阳明，几乎得不着君主的一点报酬，而反有罪，这是何等不平的事呀！

但他死后，当时虽然没得着君主什么报酬，可是各地方的百姓，

---

① 榇，chèn，棺材。

争立祠祭祀，风起云涌，这比君主的报酬，却有一万分的伟大。他虽不得昏主庸臣之欢，而能得人民真诚的爱戴，那就是他的人格、功业、道德、学说最有光荣的大成功了。

王阳明年谱

○ 成化八年（1472年）

夏历九月三十日亥时，生于浙江绍兴府余姚县龙泉山附近瑞云楼。

祖父竹轩翁取名"云"。

○ 成化十年（1474年）3岁

没有咿呀学语，父母很着急，竹轩翁坚信"贵人语迟"。

○ 成化十二年（1476年）5岁

仍未开口说话。有神僧过而说："好个孩儿，可惜道破"。竹轩翁为

先生更名"守仁"，即能说话，且能背诵竹轩翁所读之书。

○ 成化十四年（1478年）7岁

沉迷于象棋。母亲反对，在一次震怒后把象棋扔进河中，先生写《哭

象棋》诗。

○ 成化十七年（1481年）10岁

父龙山公王华中状元，入京师。

○ 成化十八年（1482年）11岁

竹轩翁因龙山公迎养，携阳明入京师。途经金山寺，先生赋诗《过金山寺》和《蔽月山房》。

○ 成化十九年（1483年）12岁

请教老师：何为人生第一等事？师说：读书登第，汝父也。先生说：恐未是，当读书做圣贤耳。

○ 成化二十年（1484年）13岁

生母郑氏去世，为母守孝三年。

○ 成化二十二年（1486年）15岁

出居庸关，逐胡儿骑射，凭吊古战场，缅怀先辈于谦，慨然有经略四方之志。经月始返，夜梦拜谒伏波将军马援庙。

○ 成化二十三年（1487年）16岁

感慨时事，屡次欲上书皇帝，被父龙山公止之。

○ *弘治元年（1488年）17岁*

七月，与诸氏完婚于江西洪都。诸氏名"芸"，浙江余姚人，父诸养和时任江西布政使参议。新婚日，偶入铁柱宫，与道士相对而坐忘归。新婚期间，潜心书法，书艺大进。

○ *弘治二年（1489年）18岁*

寓江西。十二月，携夫人归余姚，乘船路经广信（今江西上饶），识理学大儒娄谅（号一斋），信"圣人必可学而至"。一改活泼性格，严肃求成圣人。

○ *弘治三年（1490年）19岁*

受娄一斋所授"格物致知"之学，遍读朱熹著作，思宋儒"物有表里精粗，一草一木皆具至理"，格竹七日，无果，患咳嗽病。

是年，竹轩翁在京仙逝，王华扶竹轩翁灵柩归余姚，丁忧三年。龙山公嘱咐弟王冕等人为守仁讲经析义，学业大有长进。

○ 弘治四年（1491年）20岁

王家搬迁至山阴，余姚老宅由钱氏居住。

○ 弘治五年（1492年）21岁

杭州秋闱，中举浙江乡试。父王华丁忧期满，回京复命。

○ 弘治六年（1493年）22岁

京师春闱，会试不第，作《来科状元赋》。归余姚，结诗社于龙泉山寺，
对弈联诗。

○ 弘治七年（1494年）23岁

龙泉诗社，吐故纳新，吸收了很多当地知识分子。

○ 弘治九年（1496年）25岁

春闱，会试再不第。先生曰：汝以不得第为耻，吾以不得第动心为耻。

○ 弘治十年（1497年）26岁

寓京师，时边关甚急。苦学诸家兵法，以果核列阵为戏，想借雄成圣，

但被人讥笑为赵括"纸上谈兵"，且无施展舞台。

○ 弘治十一年（1498年）27岁

接受现实，立下探究理学之志，苦读朱熹《四书集注》，循序致精，居敬持志，然物理吾心终若判而为二。偶闻道士谈养生，产生遗世入山的念头。

○ 弘治十二年（1499年）28岁

春闱会试第二名，殿试赐进士出身，二甲第七，观政工部。结交李梦阳等前七子。

秋，钦差督造威宁伯王越墓，竣工，出威宁伯宝剑赠先生，与梦相符，欣然接受。

○ 弘治十三年（1500年）29岁

授刑部云南清吏司主事，上书《陈言边务疏》。

○ 弘治十四年（1501年）30岁

奉命到直隶、淮安审决积案重囚，平反多件冤案。游九华山，出入佛寺道观，做《九华山赋》。

○ 弘治十五年（1502年）31岁

五月复命

八月告病归越城，筑室会稽山阳明洞天，静坐行导引术，能先知，后因其簸弄精神，不能成圣，摒去。自号"阳明子"，人称"阳明先生"。是年，先生渐悟二氏之非。

○ 弘治十六年（1503年）32岁

来杭州西湖疗养，劝归虎跑寺已闭关三年的得道高僧回乡孝母。

○ 弘治十七年（1504年）33岁

秋季，主考山东乡式，撰写《山东乡试录》，拜谒孔庙，登泰山。

九月改兵部武选清吏司主事。

○ 弘治十八年（1505年）34岁

开门授徒。与湛若水定交，共倡圣学。后，湛若水为阳明撰写墓志铭。

○ 正德元年（1506年）35岁

徐爱拜师，未收。

刘瑾擅权，二月，先生为南京言官戴铣上疏，下诏狱，廷杖四十，贬谪贵州修文龙场驿驿丞。父王华明升暗降调任南京吏部尚书。家庭变故致夫人流产，后终身未再孕。

○ 正德二年（1507年）36岁

南下赴谪，刘瑾派刺客追杀，至钱塘江，假言投江脱之，过武夷山，去南京看望时任南京吏部尚书的父亲。

十二月回越城，正式收徐爱为首席大弟子。

○ 正德三年（1508年）37岁

春，至贵州修文县龙场，途中收多名弟子，包括冀元亨。大悟"圣人之道，吾性自足，向之求理于事物者误也"，史称"龙场悟道"。作《瘗旅文》和《象祠记》。

○ **正德四年（1509年）38岁**

受提学副使席书聘请到贵阳主讲文明书院，始揭"知行合一"之旨。

○ **正德五年（1510年）39岁**

刘瑾伏诛，三月，任江西庐陵知县，路过辰州、常州时教人静坐工夫。

十一月入京，住大兴隆寺，和若水、黄绾订终日共学。

十二月升南京刑部四川清吏司主事。

○ **正德六年（1511年）40岁**

正月调吏部验封清吏司主事。

二月为会试同考官。

十月升文选清吏司员外郎。

○ 正德七年（1512年）41岁

三月升考功清吏司郎中，穆孔晖、黄绾、徐爱等几十人同受业，讲学内容由徐爱记录整理，名《传习录》。

十二月升南京太仆寺少卿，赴任南京便道归省，徐爱升南京工部员外郎，与先生同舟回越城。

○ 正德八年（1513年）42岁

二月回越城。十月至滁州，督马政。地僻官闲，日与门人游琅铘山水间。新旧学生大集滁州，教人静坐入道。

○ 正德九年（1514年）43岁

四月，升南京鸿胪寺卿，五月至南京，在南京教人"存天理、去私欲"。

○ 正德十年（1515年）44岁

上疏请归，不允。八月写《谏迎佛疏》，用儒家思想的博大精深衬托出了佛家思想的各种不足，未上。立正宪为嗣子，时年八岁。

○ 正德十一年（1516年）45岁

九月，经兵部尚书王琼特荐，升都察院左佥都御史，巡抚南赣汀漳等处。

十月，回越城看望祖母和父亲，祖母岑氏九十七高龄。

○ 正德十二年（1517年）46岁

正月至赣，二月先平漳寇，四月班师驻军上杭，五月奏设福建平和县，六月上疏请疏通盐法，九月改授提督南赣汀漳等处军务，得旗牌，可便宜行事。十月平横水、桶岗等地，行十家牌法。十二月班师，闰十二月奏设江西崇义县。

○ 正德十三年（1518年）47岁

正月，征三浰，三月上疏乞致仕，不允，平大帽山、浰头，四月班师，立社学教化沿途当地百姓。五月奏设广东和平县。六月，升都察院右副都御史，世袭百户，辞免，不允。七月，刻古本《大学》、《朱子晚年定论》。八月，门人薛侃在赣州刻《传习录》。九月，修濂溪书院，四方学者云集于此。徐爱卒，先生为之恸哭。十一月，再请疏通盐法。

○ 正德十四年（1519年）48岁

六月，奉命勘处福建叛军，至丰城，闻宁王朱宸濠反，遂返吉安，起义兵，平宁王之乱。八月，武宗南下，与前来抢功悦君的宦官张忠、许泰群小周旋。祖母岑氏仙逝，乞便道省葬，不允。

○ 正德十五年（1520年）49岁

王艮投门下，艮后创泰州学派。

○ 正德十六年（1521年）50岁

正月，居南昌，始揭"致良知"之教。三月，正德崩。世宗嘉靖上台，冀元亨先前被群小折磨，出狱几日卒。五月，集门人于白鹿洞。六月升南京兵部尚书。八月回越城，九月归余姚省祖茔，访瑞云楼，钱德洪等拜入门下。十二月，归越城为父王华祝寿，封"新建伯"，特进光禄大夫柱国，兼两京兵部尚书。

○ 嘉靖元年（1522年）51岁

正月，疏辞封爵，二月，父王华仙逝，享年七十七，丁忧。首辅杨廷和旨意倡议禁遏王学。

○ 嘉靖二年（1523年）52岁

来从学者日众。南京刑部主事桂萼大礼议得宠。九月，改葬龙山公于天柱峰，郑太夫人于徐山。

○ 嘉靖三年（1524年）53岁

正月，门人日进，南大吉拜入门下。四月，服阕，朝中屡有荐者，有人以大礼见问，不答。八月中秋，宴门人于天泉桥，盛况空前。十月，南大吉续刻《传习录》，增五卷。

○ 嘉靖四年（1525年）54岁

正月夫人诸芸卒，四月祔葬于徐山。应门人绍兴知府南大吉邀请为崀山书院书院撰写《尊经阁记》。六月，礼部尚书席书力荐先生入阁，未果。九月，归余姚省祖茔，会门人于龙泉山中天阁，决定每月四次在中天阁授课。十月，建阳明书院于越城。

○ 嘉靖五年（1526年）55岁

在绍兴系统讲授心学理论。十一月，继室张氏生子正聪。十二月为"惜阴会"作《惜阴说》。

○ 嘉靖六年（1527年）56岁

五月命兼都察院左都御史。九月，出征广西思恩、田州。出发前夜，天泉桥上证道，与钱德洪、王畿立善恶四句教法，谓"天泉证道"。十二月，抵达广西梧州，开府议事。十二月命兼任两广巡抚。

○ 嘉靖七年（1528年）57岁

二月平定思田之乱，然后兴学校，抚新民。七月破八寨、断藤峡之乱。九月，冯恩奉钦赐至广州，赏思田之功。十月，病重，上疏请告，被桂萼压住。期间，拜谒伏波庙，祀增城先祖庙。

十一月，启程返家，二十九日辰时（公元1529年1月9日）许，病逝于江西南安府大庾县青龙铺码头舟上，年57岁，门人周积等人陪伴，留下"此心光明，亦复何言"临终遗言。

○ 嘉靖九年（1530年）

十一月魂归浙江绍兴洪溪（今兰亭），苍天为之哭泣。洪溪离越城三十里，为先生亲自选择。

○ **隆庆元年（1567年）**

五月，下诏赠先生为新建候，谥文成，永为一代之宗臣，实耀千年

之史册。

○ **万历十二年（1584年）**

从祀于孔庙，奉祀孔庙东庑第五十八位。

参·考·书·目

○ 阳明著述表

1.《五经臆说》四十六卷

2.《大学古本旁释》一卷（《明史·艺文志》作《古本大学注》一卷）

3.《大学问》一卷

4.《孝经大义》一卷

5.《朱子晚年定论》一卷

6.《乡约法》一卷（见全集，陈龙正录出别行）

7.《保甲法》一卷（见全集，陈龙正录出别行）

8.《拔本塞源论》（见全集，陈龙正录出别行）

9.《立志说》(《千顷堂书目》入司马泰三续《百川学海》卷二）

10.《良知同然录》二卷

11.《阳明则言》二卷

12.《传习录》四卷

13.《传习略录》一卷（无编辑人姓氏，曹溶收入《学海类编》）

14.《传习录节要》一卷

15.《阳明传习录选》

16.《阳明传信录》三卷（刘宗周辑）

17.《阳明传习录论述参》一卷（王应昌辑，子锬续成）

18.《抚夷节略》二卷

19.《武编》四卷（闻人诠辑）

20.《武录》二卷

21.《居夷集》三卷

22.《寓广遗藁》二卷（胡宗宪重刊）

23.《备边八策》

24.《王文成公全书》三十八卷（王门弟子辑集，谢廷杰复刻）

25.《王文成公全书》三十卷（无编辑人姓氏）

26.《阳明文录》二十四卷（钱德洪刻）

27.《阳明文录）二十卷、《别集》八卷、《续录》八卷（无编辑人姓氏）

28.《文录》六卷（无编辑人姓氏）

29.《阳明文选》八卷（王畿辑）

30.《阳明要书》八卷、《逸事辨证》二卷（陈龙正辑）

31.《阳明要书》八卷、《附录》五卷（叶绍颙编）

32.《阳明文粹》十一卷（宋仪望辑）

33.《王门宗旨》十四卷（周汝登辑）

34.《王门集要》三编（施邦曜编辑）

35.《王阳明集》十六卷（五世孙贻乐重编）

36.《阳明文钞》二十卷（张文达编）

37.《阳明全集》二十卷、《传习录》一卷、《语录》一卷（俞嶙编）

（以上为阳明所著）

38.《平濠记》（钱德洪撰）

39.《阳明先生年谱》三卷（钱德洪撰）

40.《阳明先生浮海传》（陆相撰）

41.《东阁私钞》（黄文焕撰）

42.《王文成用兵心法》一卷（华复元著）

43.《姚江学统》（楼镇著）

44.《王刘异同》五卷（黄百家著）

45.《王文成公传本》二卷（毛奇龄著）

46.《折客辨学文》一卷（毛奇龄著）

47.《姚江书院志略》二卷、《阳明弟子传》《王门弟子传》（邵廷采著）

48.《王阳明书疏证》四卷、《经说弟子记》四卷（胡泉撰）

　　（以上为后人传述）

○ **参考书**

1.《王阳明先生全集》

2.《明儒学案》（明·黄梨洲著）

3.《宋元学案》（明·黄梨洲著）

4.《王文成公列传》（清·尤侗著）

5.《王文成公传本》（清·毛奇龄著）

6.《折客辨学文》（清·毛奇龄著）

7.《阳明先生传纂》（余重耀著）

8.《王阳明》（胡越著）

9.《王守仁》（周予同著）

10.《阳明学派》（谢蒙著）

11.《梁启超学术演讲录》（梁启超著）

12.《戴东原的哲学》（胡适著）

作者简介

王勉三

生卒年不详。

民国时期研究王阳明的著名学者，其《王阳明生活》《知行合一王阳明》（初版书名为《王阳明生活》）一书，被后来出版的许多重要的王学著作广泛证引，影响颇大。

想象 之 外　品 质 文 字

知行合一王阳明

产品策划｜领读文化　　　　　责任编辑｜张彦翔

执行编辑｜王晗懿　　　　　　排版设计｜张珍珍

封面设计｜unlook-lab.com　　营销编辑｜孙　秒　屈美佳

发行统筹｜李　悦

更多品质好书关注：

官方微博 @领读文化　官方微信｜领读文化